文化资源产业化研究

以河南为例

RESEARCH ON
THE INDUSTRIALIZATION OF
CULTURAL RESOURCES

Take Henan Province as an Example

侯 燕 ◎ 著

社会科学文献出版社
SOCIAL SCIENCES ACADEMIC PRESS (CHINA)

目　录

导言
文化资源及其产业化发展

　　文化是生产和社会再生产的重要组成部分。伴随着知识经济时代的到来，文化作为一种资源、资本参与经济活动，已然成为必然趋势。文化在经济社会发展进程中所起的作用也越来越重要。一方面，文化通过推动教育进步、劳动者素质提高等推动经济发展；另一方面，文化产业也日益成为经济发展的新引擎。与此同时，互联网和信息技术的蓬勃发展为文化资源的转化与产业化带来了新的契机。科技与文化的融合逐渐改变了文化产品的制作方式和传播手段，提高了文化资源的利用效率，促进了文化产品生产和消费方式的转化升级，改变了文化产业原有的运行模式，产生了新的盈利方式，也为文化资源的保护和利用带来了新的机遇与挑战。

第一节　历久弥新的传统历史文化资源

　　文化产业的发展根植于文化的内在价值，文化的内在价值存在于文化资源之中。可以说，地区文化产业的发展水平依托于当地文化资源的数量与质量，更与当地文化资源内在价值挖掘、利用的能力息息相关。

一 文化资源的内涵

（一）文化资源的概念

文化是指一切精神的东西和凝结于物质的东西之中的精神的东西。[①] 其中，人类在漫长的历史演进中形成并表现出来的思维方式或精神与心理状态，诸如价值观念、道德情操、行为规范等是文化的核心内容，是文化的精神层面；经过人类活动所改造，凝结着人的知识和智慧的物质产品是文化的物质层面，也是文化的载体；而包括诸如文字、书籍、语言、技术、能力、方法等人类在社会生产过程中积累的知识体系，以及由此建立起来的社会生产和生活方式、组织结构、社会制度等则属于文化的知识和制度层面。[②]

资源是指某一地区社会活动中所需要的人力、物力和财力等各种物质要素的总和。文化资源与自然资源、劳动、资本等共同构成生产和经济社会发展的要素。"文化资源"的概念有狭义和广义之分。狭义的文化资源是指凝结了人类无差别的劳动成果的精华和丰富思维的物质、精神产品或活动，包括历史人物、文物古迹、民俗、建筑、工艺、宗教信仰、语言文字、戏曲、科学技术等。广义的文化资源涵盖的范畴较广，目前还未形成具体的一致的定义，普遍地将能满足人们精神文化需求的所有物品与活动都划到广义文化资源的范畴。

（二）文化资源的类型

文化资源是能够投入生产中并不断为人类社会创造财富的物质与精神形态，是文化的物质载体和文化生产的手段之一。不同于其他生产要素，作为文化产品生产中主要的生产要素，文化资源具有文化和

---

① 董辅礽：《论经济与文化》，《经济界》1996 年第 1 期，第 39 页。
② 李燕燕：《文化与经济转型——基于中原发展经验的分析》，社会科学文献出版社，2007，第 8~15 页。

人文特征，是凝结在物质和非物质形态中的人类文明和智慧的结晶。文化资源还具有历史和地域特征，是人类在漫长的历史长河中保留下来的历史遗迹以及反映出的某地区所共有、独有的民俗文化、乡土风情、艺术、宗教等。按照不同的分类方法，我们可以把文化资源分成不同的类型。按其存在形式可以分为以可感的物质化、符号化的形式存在的有形文化资源，如历史遗迹、宗教建筑等和以思想化、智力化、想象性的形式存在的无形文化资源，比如民俗风情、节日礼仪等两类。从统计评价的角度，我们又可以将文化资源区分为可度量的文化资源和不可度量的文化资源。可度量的文化资源是指可以通过建立相应的评价体系，具体估计和测量其瞬间价值的资源种类，比如历史人物、建筑、工艺品等。不可度量的文化资源是指不可用现实价值来体现的资源类型，如思想、民俗、戏曲等。此外，文化资源还可以分为自然文化资源和历史文化资源。自然文化资源主要指山川、湖泊、河流、地貌等不依赖人力形成的资源。历史文化资源主要指寺庙、古城、宫殿、陵墓等凝聚了人类智慧与汗水的文化资源。[①]

二　文化资源的特点

（一）文化资源具有精神和物质的属性

精神是文化资源的内核。作为凝结人类文明和智慧的共性知识资源，其中内含的精神属性是文化资源区别于其他资源的本质特征。而物质形式是文化资源的主要外在表现形式。文化资源一般都具有物质形态或附着于物质之上，比如存在于古建筑、历史遗迹中的古代社会生活、生产活动、精神生活方面的文化资源等。当然，也有部分文化资源是以口口相传、民俗风情等非物质的形式存在。

---

① 汪振军：《创意中原——河南文化产业创新研究》，大象出版社，2007，第58页。

（二）文化资源具有差异性和地域性的特点

文化资源是极具地方特色和民族特色的一种人文资源，由于地理位置、气候条件、历史活动、经济发展水平等因素的差异，不同地区形成了具有明显地域性、差异性的文化资源。也正是因其差异性和不可复制性，地区独特的文化资源诸如文物资源、民俗资源以及历史文化资源等才能够形成垄断。以河南为例，河南省拥有的古城、黄河、少林寺功夫、太极拳、寻根觅祖以及洛阳牡丹、开封菊花等文化资源已成为河南独特的文化名片，也是河南文化资源开发的基础和文化产业发展的优势所在。

（三）文化价值是文化资源转化的根本

文化价值是文化产品的核心竞争力，也是文化资源向文化产品、文化产业转化，实现经济价值的关键。文化产业是以文化价值为核心、强调创意的产业。"内容为王"，可以说每件成功的文化产品的产生都体现了文化资源内在的文化价值，同时它又是极具创造性和个性的，是具有自主知识产权的原创性研究和发明，难以被替代和简单复制。当然，并非所有的文化价值都可以直接转化为经济价值，部分文化资源以其独有的价值深植于人们的政治、经济、社会生活及生产之中。

三 文化资源与文化产业发展

文化资源的核心是其内含的文化价值，而文化价值是文化资源产业化开发的根本。可以说，在文化产业发展中，文化与经济相互依存、相互渗透。文化价值是文化产业发展的灵魂和支柱，而文化产业的发展则在促进文化资源内涵的挖掘、利用、转化、保护、传播等方面起着重要的作用。

（一）文化资源是参与社会生产的要素

1. 文化资源是文化产业发展的基础

社会产品的生产离不开生产要素的投入，随着经济发展和增长方式的转变，文化已逐渐渗透社会生产过程的方方面面，成为参与社会生产的重要生产要素。尤其是对于文化产业的发展而言，文化资源是发展的基础。当然，文化产业是包含文化产品制造业、文化产品批发和零售业、文化服务业等的庞大产业体系，涵盖文化旅游、新闻出版、动漫游戏等众多不同类型的行业，在不同文化产业类型中，文化资源的地位和作用有所差异。其中，文化旅游业、文博业、民俗文化业等文化产业是依托于文化资源而形成的，可以说独特的文化资源如文物资源、民俗资源以及历史文化资源等是在该类产业运作中起主导作用的要素，即在生产投入要素中，文化资源占有较大的比例，并贡献了较大的产出。而对于动漫游戏、新闻出版等行业来讲，除科技、创意之外，文化资源也在内容生产中起着重要的作用。

2. 文化已经逐渐渗透文化产业各环节之中

文化渗透文化产业各环节的运行过程中。以文化旅游业为例，旅游业是由众多行业组成的综合性产业群，涉及食、住、行、游、购、娱等各个方面。旅游活动的各个环节中，诸如生产、流通、交换以及决策、管理等，都或多或少地蕴含着各种文化因素。其中，文物、遗址等为发展旅游业提供了大量的文物古迹和历史遗存；文化的行为要素，为旅游业提供了多样化的民俗风情；文化的心理要素，如宗教情绪、道德情操等，都可被挖掘成为极具吸引力的旅游资源。而现代旅游饭店就是集膳宿、社交、娱乐、审美等功能于一体的综合性场所。

3. 文化在提升劳动力素质、促进经济增长方式转变中的作用凸显

伴随着经济发展进入新常态，原有的经济增长方式难以持续，经济增长方式的转变迫在眉睫，文化产业的发展迎来了新的机遇与挑

战。大量具有浓厚历史文化积淀的文化资源被挖掘、开发和利用，文化资源转化为资本，文化产业逐渐成为经济发展的新增长点和经济增长方式转变的重要助力。与此同时，经济的发展和产业结构的转型升级离不开人才的支撑。作为文化范畴的重要内容，无论是知识、能力还是价值观念、道德情操、行为规范等都在劳动力素质的提升和人才的培养中发挥着重要的作用。

（二）文化产业是文化资源向经济资源转化的手段

1. 文化产业促进了文化资源的开发和优化

首先，文化产业本身就是凭借着文化资源开发和利用而形成的，是文化资源转变为经济资源、实现经济效益的重要载体。文化产业既可以通过文化产品的生产直接创造经济效益，又能够通过文化产品市场的竞争，为文化资源的挖掘、优化提供条件。以文化旅游业为例，当前，文化旅游消费的重心正在向参与、体验型等方面转移。因此，相关企业必须针对本地区的历史文化遗产和独特的文化传统，不断挖掘资源的文化内涵，开发出一些有特色的旅游项目，适应社会需求的转变。可以说文化产业是一个富于创造性的行业，其创造性的核心就是提升文化品位、升华文化内涵，而这又促进了文化资源地不断优化。

2. 文化产业的发展有助于文化资源的保护与传播

我国古代就有"五里不同风，十里不同俗"之说。每个民族都生活在特定的环境中，并逐渐形成独特的、共性的文化特质，而这成为文化产业发展的潜在优势。"酒香也怕巷子深"，文化产业的发展无疑为文化资源的保护提供了资金、技术、政策等支持，为文化资源的保护、传播和交流提供了更为丰富的渠道、更多样的视角和更多的可能。

第二节 文化资源的产业化之路

一 文化资源与文化资本

（一）文化资本的概念

"文化资本"也是经常被提到的一个概念。法国的社会学家皮埃尔·布迪厄在1986年《资本的形式》一文中第一次完整地界定了"文化资本"的概念。布迪厄认为，文化资本分为三种基本的形态：一是文化的具体化、实体化状态，经过漫长的历史积淀，文化通过精神和实体的形式得以表达；二是客观的、物化的状态，以物品的形式（比如艺术作品、图书、文字、工具、机器等）存在着，表达历史上某时期人们的精神生活和文化内涵；三是制度的状态，是文化从个体层面到集体层面、从个别到共有的升级。这一状态赋予了文化资本完全地原始性的资产的属性。[①]其中，这里提到的文化资本的第一种形态对应了文化的形成过程；第二种形态对应的是客观的、物化的、有形的文化资源及文化产品；第三种形态对应的是将文化、文化资源这一生产要素作为资本的一种特殊形式（文化资本）纳入社会生产、文化生产过程之中，实现资本的增值。布迪厄的"文化资本"概念所涉及的范畴较广，在这里，我们仅就文化资本与文化资源转化、文化产品生产等相关的问题展开分析。

（二）文化资源与文化资本

文化资源是一种可以投入生产过程中并且不断为人类社会创造财富的物质与精神形态。与文化资本相比，文化资源概念注重将文化作

---

① 皮埃尔·布迪厄：《资本的形式》，载薛晓源、曹荣湘主编《全球化与文化资本》，社会科学文献出版社，2005，第3~22页。

为资源来看待，强调文化资源的数量与品质、内涵与文化价值。而文化资本注重将文化作为资本来看待，强调文化参与社会生产、文化产品生产的作用。可以说，文化资源本身并不是资本，文化资源可以被用来开发、利用，转化成经济资源，也可以仅仅花费大量人力、物力保护起来，加以欣赏。只有当文化资源进入社会生产领域，在其中发挥了作用、产生了效益、创造了价值并取得相应的回报，这时才成为资本。

文化产品的生产过程中，除了劳动力、土地、资本、管理等要素的参与之外，科技、文化、创意等要素也是必不可少的。其中，文化是文化产品生产的基础性要素，而文化产品生产是文化资源的资本化过程，是文化资源到文化产品的必经阶段。文化资源的资本化就是将一切有形的、无形的文化资源，通过市场机制配置到文化产品生产的各个部门，生产出适应市场需求的文化商品，从而实现盈利的过程，即文化资源的商品化和产业化。[①]

总之，文化产业的发展是文化与经济融合、共同作用的结果，是文化资源转化为文化资本的有效路径。

二 区域文化资源的产业化开发路径

文化资源的产业化即文化产业的发展涉及文化资源的价值、类型、数量等因素，也与当地人力资本状况、相关产业发展状况以及社会经济发展水平、政府政策等因素密切相关。由于不同地区文化资源、人力资本、相关产业发展、社会经济发展水平以及政府政策等存在差异，各地文化产业的发展状况、竞争力不尽相同，文化产业发展的侧重点和产业化路径也存在差异。总体来讲，文化资源越丰富、文

---

① 徐艳芳：《区域文化资源优势向产业开发优势转化机制研究》，《山东社会科学》2011 年第 11 期，第 150～153 页。

化价值越高，文化产业发展的基础越好；而人力资本越充裕、经济越发达的地区和城市，文化产业越繁荣，对社会发展的贡献也越大。此外，区域间文化产业发展的不平衡性还表现在不同地区文化产业类型的差异上。

（一）以文化资源为主导的开发——"文化资源 + 旅游"

该类型的文化产业对文化资源具有较强的依赖性。独特的文化资源如文物资源、民俗资源以及历史文化资源等具有较高的文化价值，是该类型产业运作中起主导作用的要素。对于文化资源丰富的地区而言，"文化资源 + 旅游"等类型的文化业态更强调利用本地丰富多彩的文化资源来带动文化产业发展，是区域文化资源产业化开发的重要选择。

以文化旅游为例。文化旅游业是指旅游者为实现特殊的文化感受，依托独特的文化资源进行文化体验，从而得到全方位的精神和文化享受的一种旅游类型，是相对于自然观光、度假疗养等而言的一种特殊旅游类型，也是通过文化资源的旅游开发而形成的文化产业。中国文化旅游可分为以下四个层面，即以文物、史记、遗址、古建筑等为代表的历史文化层；以现代文化、艺术、技术成果为代表的现代文化层；以居民日常生活习俗、节日庆典、祭祀、婚丧、体育活动和衣着服饰等为代表的民俗文化层；以人际交流为表象的道德伦理文化层。

不少文化资源大省将文化旅游作为文化产业发展的重点。以云南为例，云南文化产业的发展模式被称作"1 + X"模式，即以旅游业为龙头，带动演艺业、民族民间工艺品业、文化娱乐业、会展业、出版业、医疗保健业等相关行业的共同发展。文化资源重镇大理则更倾向于以项目来带动的模式。以项目带动产业的发展，培植一批有竞争力的文化企业和知名的文化品牌。与之不同，山西的文化产业发展模式则是以丰富的文化资源为依托、强调以市场需求为导向的发展模式，旨在构建和完善具有山西特色的文化产业体系。武昌则提出要综合利用其独特的历史文化资源和自然景观资源，通过重点策划并打造出"首义文化""黄鹤文化"以及"古代楚王府古街文化"等系列品牌项目，建立文化产业发展的项目集群。

河南省也拥有着丰富的旅游资源和文化资源。旅游资源与文化资源的整合也取得了一定的成就，形成了以古文化、黄河、少林寺、太极拳、寻根觅祖、洛阳牡丹、开封菊花为特色的文化旅游线路，也推出了不少相关的旅游精品，嵩山少林寺、洛阳龙门石窟、焦作云台山、开封清明上河园、白马寺、安阳殷墟等一批精品景区已经取得了较好的经济效益。具体地，河南文化旅游的发展模式及其存在的问题在本书第三章展开分析。

（二）以内容为主导的开发——"文化资源 + 创意"

以内容为主导的文化产业开发中创意起着更为重要的作用。随着文化产业的发展，在文化资源到文化产业的转化过程中，突出创新、创意和品牌，弱化资源的倾向日益明显。当然，强调创意并非不需要文化资源等要素的参与，但是在该类型文化产业的开发中，文化资源已经无法使自身在竞争中获得垄断性的地位。或者说该类文化产业的开发中，竞争优势只能来自创意，因而注重创意、求新求变是该类文化产品生产创作的核心。文化资源是文化创意产业内容的来源，而创意、创新则是文化产业不断发展的根本动力。无论是有形的文化资源还是无形的文化资源，"资源 + 创意"都可以赋予文化产品的生产创造性和个性，使其成为具有自主知识产权的原创性研究和发明，而每一件文化产品之间都具有不可重复性、不可替代性和不可再生性。

毫无疑问，文化资源是创意产业，尤其是文化创意产业发展的资源基础，文化资源越丰富、独特的地区，其发展文化创意产业的可行性也就越大。然而创意产业发达的地区却并不总是文化资源丰富的地区，不少文化资源并不丰富的地区，其创意产业的发展甚至更为成功。具体而言，原因有以下两个方面。一是文化资源并不总是体现在物质文化方面，文化资源并不丰富的地区也可以利用其他地区的文化资源开发出具有较高品质的文化创意产品来。如美国迪士尼推出的《花木兰》《功夫熊猫》等作品家喻户晓，其中就借鉴了中国历史中"花木兰替父从军"的故事和"功夫""熊猫"等中国文化因素。二是目前文化资源开发中存在同质化问题。几千年的文明造就了我国丰富的文化资源，而各地由于环境、历史的差异，更是形成了各具特色的文化，这些本应成为各地发展文化创意产业的基础，却由于创新、创意的缺乏，抄袭、复制、模仿等现象，忽略甚至毁坏了具有本地特色的文化传统和历史风貌，文化创意产品的同质化问题十分严重，文化创意企业产品的"山寨"现象频频出现，并进一步导致各地具有民族风格和地域特色的文化资源的消失。

此外，创意的主体是人，区域人力资源状况会对文化产业的发展产生较大的影响。以内容为主导的文化产业需要综合运用各种能力才能更好地进行文化企业的产业化运作，通过综合运用能力，创造文化产业价值，来促进整个产业的不断发展，并最终实现社会效应和经济效应。这种能力包括创意策划、开发、经营、管理、营销、整合能力等，核心是人才。以新闻传媒业为例，随着信息技术、互联网的发展，传统报业已逐渐被新媒体取代，在这一时代背景下，不少新闻传媒企业开始依托其原有的内容制作优势和人才优势，运用其创意策划、管理、经营等能力不断实现栏目的推陈出新、内容生产和制作方式的转变、传播渠道的拓展、多元化和集团化的经营，从而获得竞争优势，实现企业的盈利。当然，人才是实现上述目标的基础和根本，也是该类文化产业发展的关键。具体地，以内容为主导的河南文化产业发展的问题，将在本书第四章有所涉及。

（三）以高新技术为核心的开发——"文化资源＋科技"

文化资源与科技之间具有天然的融合性。以高新技术为核心的文化产业，强调高科技手段的应用。电子游戏业、动漫业以及新媒体等就属于此类文化产业，具有较强的渗透性和辐射力。以游戏业为例，与其他地区相比，上海游戏开发企业能最早地接触到最先进的 IT 技术和软件开发技术，在全国游戏开发行业中占据着较大的市场份额。2017 年，上海网络游戏产业产值达到 569.3 亿元，同比增长 24.6%，占中国网络游戏产值的 28.3%。① 技术优势演变为竞争优势，从而吸引了更多人才、资金、资源的集聚，这有利于竞争中占据优势地位的企业进一步拉大技术差距，构建更为坚实的技术支持体系，形成区域该类文化产业发展的良性循环。对于以高新技术为核心的文化企业来说，只有通过不断地加大技术创新力度，才能赢得市场，在竞争中取得优势地位。

与此同时，文化产业作为一种新兴的产业，与其他产业之间有共生性和融合性。随着创意和新技术的运用，文化产业正不断发展出一系列新兴文化业态，并在带动新兴产业及其关联产业发展、推动区域经济发展方面发挥重要作用。新兴文化业态的蓬勃发展离不开数字化技术、互联网技术在文化领域的广泛应用，即"文化＋科技"。具体地，科技在文化产业中的应用主要体现在文化内容制作、传播手段的运用等方面。除此以外，以互联网技术、计算机技术为核心的科技革命也逐步波及设计、游戏、广告、出版、影视广播等传统行业，新兴文化业态层出不穷。其中，依托于网络技术与新媒体技术的文化创意和设计服务类新兴产业包括数字动漫、网络游戏、广告等；基于数字

---

① 李锋：《2017 上海网络游戏产值 569.3 亿 增长 24.6% 占全国 28.3%》，新浪财经，http://finance.sina.com.cn/chanjing/cyxw/2018－05－08/doc-ihaichqy5368909.shtml。

技术搭建平台的文化信息传播服务类主要有博客、微博、社交、门户、新闻、电子商务、互动社区等网站以及电子书、手机报、手机新闻、手机彩铃、手机广告、手机视频、微信、流媒体、新型电视媒体等；通过数字化技术与传统文化产业的相互融合而产生的传统文化业态演变类，包括数字电视、数字电影、数字出版等；文化休闲娱乐服务类则主要包括利用新技术打造的文化旅游服务、实景演出等。

可以说，科技与文化的融合会带来文化产业的巨大变革。目前，上海已逐渐形成文化创意产业集群。这些文化创意产业集群将创意产业中相互关联的、在地理位置上相对集中的若干企业和机构集合，并逐渐形成强有力的群体竞争优势和集群发展的规模效益，从而带动了周边地区相关产业的发展。具体地，河南文化与科技的融合发展问题在本书第四章展开分析。

总之，文化资源、创意和技术是文化资源开发和利用过程中不可或缺的三大要素，以文化资源为主导的文化产业中，创意和技术也会起到很重要的作用。同样地，以创意、技术为核心的文化产业中，文化资源的开发和文化价值的挖掘也是重要的环节。

三　文化品牌与区域文化资源的产业化开发

品牌的培育是文化产业快速发展地区不遗余力在推进的环节，因此，培育中原文化品牌可以说是河南丰富文化资源转化的关键，也是未来河南文化产业发展、文化影响力提升的重中之重。具体地，河南文化资源产业化开发与品牌培育的问题将在本书第五章进行探讨。

文化品牌是区域文化产业核心竞争力的体现，文化品牌与文化产业发展相辅相成。区域文化产业竞争力的差异主要取决于不同地区对其现有文化资源的驾驭和利用能力，并在很大程度上表现为文化品牌数量和影响力的差异。一方面，区域文化产业的发展会提高其对资源、企业、人才等的吸引力，逐步形成区域的产业集聚优势，有利于区域资源配置能力的提升和产业结构的升级。而地区良好的产业发展环境、不断扩大的市场需求、域内企业的发展壮大以及新技术、新产品的推广应用等都为品牌的培育和营销提供了有利的条件。另一方面，文化品牌又影响着区域文化产业的发展。首先，文化品牌是影响区域文化产业竞争力提升的重要因素。其次，文化品牌有助于文化产品的营销，以及区域文化产业形象的提升。因此，为更好地促进区域文化产业的发展，各地应将文化品牌的培育作为提升区域文化产业竞争力的重要途径，通过品牌的创建突出区域文化产品的特色和知名度，加大区域品牌整合的力度，不断提高文化产品的附加值，赢得竞争的优势。

四　文化政策与区域文化资源的产业化开发

河南文化产业的发展与河南文化产业政策措施密切相关。文化产业政策的构成分类有多种。按功能可以将文化产业政策分为体制机制改革政策、人才政策、金融财政政策、产业发展规划以及国际贸易政策等。按照政策的侧重点可以将文化产业政策分为战略规划政策、开发策略政策、财税金融政策以及制度保障政策等。2005年以来，河南文化产业经历了快速的发展。这既与河南丰富的文化资源密切相关，也离不开自2005年以来国家和河南政府对文化产业的引导和大力扶持；既有各类文化企业在机遇面前的不懈努力，也有政府政策的积极有效干预。在本书的第六章中，笔者对河南的文化产业政策进行了梳理，并结合河南文化政策实施过程中存在的文化体制改革、财税金融政策、文化产业的对外贸易政策、知识产权保护以及文化产业政策实施中的偏差等一系列问题展开分析。

第一章
河南省文化资源概述

文化资源是河南文化产业发展的优势所在。在这里，我们首先分类介绍河南的历史古城、历史人物、姓氏文化、宗教文化、古建筑遗迹，以期对河南的文化资源状况有一个初步的了解。

第一节　河南的黄金时代与历史文化资源

中华文化发源于河南。距今五六十万年，南召猿人已开始在河南境内劳动、生息和繁衍，它们是中国旧石器时代早期人类之一。在三门峡、洛阳、安阳、漯河等地相继发现了旧石器时代遗存。若从新石器时代中晚期算起，直到今天，中国有5000年的文明史。从原始社会到封建社会中晚期北宋的4000多年的时间里，中国的政治、经济、军事、文化中心基本上都在黄河中下游地区的长安－洛阳－开封这条中轴线上摆动，因而，这段历史也是河南社会发展的黄金时代。

公元前2070年，中国历史上第一个奴隶制王朝——夏在河南建立，此后，先后有商、东周（春秋、战国）、东汉、曹魏、西晋、北朝、隋、唐、后梁、后唐、后晋、后汉、后周和北宋十多个朝代将河南作为政治、经济中心。在这一时期的大部分时间里，河南境内气候较为温暖湿润，水系发达，湖泽众多，土壤较为肥沃，植被也很丰富，为人类生产、生活提供了十分便利的条件。这一时期成为河南社会发展的繁荣阶段。

12 世纪以后，中国先后有南宋、元、明、清、中华民国等几个大的朝代和政权存在。这一时期，中国的政治、经济、文化和人口中心南移杭州、南京，或北移北京。河南在近千年之久的时间里，除了成为军事争夺的据点外，所受政治、经济和文化变革的影响较弱。河南地区政治地位不断下降，经济也随之相对衰落，社会发展进入低潮。

一 河南历史文化

（一）河南历史文化名城

目前，我们习惯上把西安、北京、洛阳、南京、开封、杭州、郑州和安阳称为我国的"八大古都"，河南就占有其中的四个。在很长的历史时期，河南，特别是沿黄河两岸的洛阳、郑州、开封、商丘等地区是我国政治、经济、军事、文化活动的中心。其中，先后有九个朝代在洛阳建都，古代科技、文化、文学、哲学、艺术等重大发明创造，大多与洛阳有关。而开封作为"七朝古都"，也存有大量的历史遗迹和文化胜景，在北宋时期更是全国的政治、经济、文化和科技中心。郑州作为古都的历史同样悠久，中华民族的始祖轩辕黄帝就生于郑州新郑，郑州登封也曾作为夏的都城，是中国最早的城邑。安阳也是我国的八大古都之一，殷墟文化极具特色。而商丘则是商文化的发源地，南阳作为军事重镇，历史上许多著名的军事家，如秦国的百里奚、越国范蠡、西汉霍去病、东汉刘秀等都在这里留下了足迹。各历史文化名城的简要介绍见表 1 - 1。

表1-1 河南历史文化名城简介

城市	地理位置	建都朝代	文物古迹	历史地位
洛阳	河南省西部黄河中游的伊洛盆地	东周、东汉、曹魏、西晋、北魏、隋、唐、后梁、后唐	龙门石窟、佛教祖庭白马寺等	"九朝古都",河洛文化,佛学首传,道学、理学首创于此
开封	北濒黄河,南接江淮,东毗齐鲁,西抵郑洛	战国魏、后梁、后晋、后汉、后周、北宋、金	铁塔、延庆观、繁塔和开封明清古城	"七朝都会"、北宋时期的政治、经济、文化和科技中心
郑州	河南省中部偏北,黄河中游南岸	夏	裴李岗、大河村、二里岗、商城、观星台遗址和嵩山少林寺等	军事交通要道、69处国家和省级重点文物保护单位
安阳	河南北部,西部为太行山区,京广铁路以东为平原地区	殷商	"小南海文化"的原始人洞穴遗址、司母戊大方鼎、文王被拘的羑里、岳飞的出生地汤阴县程岗村等	我国的八大古都之一、殷墟文化、甲骨文
商丘	豫、鲁、皖交界处,京九与陇海铁路交叉口		孔子祖籍,庄子故里,墨翟、名家代表惠施的诞生地,建于明朝正德年间的归德府城等	商文化的发源地、"成汤故都,先商故地"
南阳	河南省西南豫、鄂、陕三省交界处		医圣张仲景、天文学家张衡出生地	军事重镇、百里奚、范蠡等都留有足迹

(二)河南历史文化名人

河南是中华文明的摇篮,中国5000年文化的源头大多要追溯至此。从先秦诸子、宋明理学,到天文、医学、文学、宗教,特别是四大发明、唐诗、宋词,都与河南有密切联系。因此,河南是我国历史上名人辈出的地区。春秋以来,河南在政治和军事领域都有优秀人才涌现(见表1-2)。

表 1 - 2　河南历史文化名人：政治、军事领域

领域	春秋战国	秦	隋唐	宋	明清	近现代
政治	郑国子产、苏秦、张仪	李斯	长孙无忌	北宋赵匡胤		
军事		陈胜	隋朝大将韩擒虎、贺若弼；隋末翟让	南宋岳飞	明末抗清史可法	新四军将领彭雪枫

此外，12 世纪以前，中国的政治社会中心始终摇摆在黄河中下游地区的河南和陕西。因而，这一时期，河南和陕西在文学艺术、天文、历法、医学、建筑、冶金和铸造、工程等领域里也一直占有领先的地位。相关人物见表 1 - 3。

表 1 - 3　河南历史文化名人：文化艺术、科技等领域

领域		人物
文化艺术	唐诗	上官仪、杜甫、岑参、元结、王建、白居易、元稹、李贺、李商隐等
	宋词	吕蒙正、邵雍、贺铸、尹洙、石延年、史达祖、岳飞、朱敦儒等
	书法	蔡邕、陈留圉、褚遂良、孙过庭、王铎等
	绘画	唐朝画圣吴道子，山水画家郑虔、卢鸿；宋代宋仁宗、宋徽宗、翰林图画院画家苏汉臣、郭熙、李唐、李迪等
科技	造纸术	东汉宦官蔡伦
	印刷术	北宋毕昇发明活字印刷术
建筑		北宋末年的李诫编写《营造法式》，这是我国和世界建筑史上的珍贵文献，标志着我国古代建筑技术已发展到较高的阶段
天文历法		东汉天文学家张衡创造了浑天仪、候风仪和地动仪
医学		东汉"医圣"张仲景《伤寒杂病论》16 卷
思想		著名理学家程颢、程颐兄弟，创立伊洛理学，著述后被合编为 80 多万字的《二程全书》，其理学思想对豫西地区和整个封建时代后期有深刻影响；唐朝玄奘，本名陈祎，我国新的佛教宗教唯识宗的创宗人，撰有《大唐西域记》，是研究中亚及印度历史、地理、民俗及宗教的珍贵资料；现代哲学家、教育学家冯友兰：对我国现代哲学及教育学的发展产生了重大影响

古代中国，文化教育的普及程度不高。因而，政治中心往往也就是文化、学术和教育的中心。12世纪以前的绝大多数时间里，河南是文化教育十分发达的地区。明清以后直到近现代，东南沿海地区才逐渐成为中国的文化中心。在中国历史上，有许多伟大的科学家、发明家，许多伟大的创造发明，对中国社会政治、经济、文化等的发展，对世界文明史的演进，都曾起到过一定的推动作用。这些发明创造大多完成在统一王朝时期以都城为中心的地区。尤其值得自豪的是，在中国和世界文明史中占有显要位置的"四大发明"，大体是在北宋以前的洛阳和开封完成的。

二　河南姓氏文化

河南是华夏文化的主要发祥地，在中华姓氏史上占有极其重要的位置。据说黄帝共25子，得姓者14人，分别为12姓，另有5子得姓于金木水火土，后来不断发展派生出510个姓氏，比如仅仅姬姓一个就派生出198个姓氏。据初步统计，在《中华姓氏大辞典》所列11969个姓氏中，有4925个未注明来源，有2224个系少数民族姓氏，二者合计7149个，占59.7%，下余4820个为汉族姓氏。其中，起源于河南的姓氏共有1832个，占4820个的38.0%。在姓氏拥有人口的数量上，河南也占据着重要的地位。按照相关的人口资料统计，当前按人口多少排列的有120个大姓，全国有11.7亿人姓这120个姓。在120个大姓中，全部起源于河南的姓氏有52个，部分源头在河南的姓氏有44个，两项合计，起源于河南的姓氏共有96个，占120个大姓的80.0%，拥有人口占全国汉族人口的97%。如果减去一些多源的姓氏中源于河南以外的成分，人口百分比会有所下降，但起源于河南的姓氏总数是1832个，减去96个，还有1736个，这样看来，起源于河南的姓氏拥有人口占全国汉族人口的百分比仍在80%左右。

因此，可以毫不夸张地说，河南是姓氏资源第一大省，海内外华人的祖根大多在河南。

三　河南宗教文化

河南宗教文化历史悠久、种类众多，拥有非常丰富的景观和文物，在中原文化中占有重要地位。无论是儒学、佛教还是道教等都在河南留下了大量的寺庙、殿堂、宝塔、雕塑、壁画等名胜古迹、宗教文物以及遗传至今的典章制度、伦理道德、礼仪、风俗等。

首先，从宗教遗迹来看，河南较为完整地保留至今的、历史最为悠久的古建筑中，带有宗教色彩的古建筑是最多的。其中，寺塔包括：中国现存最大的塔林——少林寺塔林；始建于元代，河南现存最大的楼阁式石塔——鹤壁玄天洞石塔，它也是河南保存最完整的大型青石塔；始建于唐，重修于后周，现存国内规模最大、保存最完整的五代塔之一的妙乐寺塔；建于北魏时期，历经1400多年的嵩岳寺塔，它也是经国务院批准的第一批全国重点文物保护单位；建于唐代，塔体轮廓中部微鼓呈梭形，线条优美柔和的法王寺塔；开封最高的繁塔；著名的开封铁塔；始建于宋代，位于唐河县，被认为是河南现存最高、体量最大的泗州寺塔；位于邓州市，建于北宋（1032年）的福胜寺塔；位于汝州市，建于唐开元年间（713～741年）的法行寺塔；建于1081年的凤台寺塔；位于汝州市东北的风穴寺塔林；建于宋代，有800多年历史的寿圣寺双塔；位于登封，建于唐代的永泰寺塔；建于唐代的净藏禅师塔；建于宋徽宗时期，位于原阳县原武镇的玲珑塔；位于郑州、建于北宋时期的千尺塔；位于许昌，建于明代的乾明寺塔；建于元代的天王寺善济塔；以及安阳天宁寺塔、修武胜果寺塔、沁阳天宁寺三圣塔、滑县明福寺塔、安阳修定寺塔、开封兴国寺塔、洛阳五花寺塔、安阳洪谷寺塔等。其他寺庙、石窟、道观等在

表1-4中有较为详细的介绍。这里就不再一一赘述了。

表1-4　著名宗教遗迹

宗教	类型	名称	简介
佛教	寺院	白马寺	被佛门誉为"祖庭"或"释源"。该寺建于东汉永平十一年。因用白马驮经自西域归来,取名"白马寺"。寺内有天王殿、大佛殿、大雄宝殿、接引殿、毗卢阁和雕塑、碑刻、经幢、壁画等,山门外有石雕白马,建于金天会十五年的四角十三层高24米的齐云塔,为全国重点文物保护单位。
		少林寺	中国禅宗的祖庭,少林武术的发祥地,始建于北魏太和十九年、孝昌三年,印度高僧菩提达摩来此首创禅宗。山门前有一对石狮和旗幡夹杆。门内有弥勒和韦驮塑像,门北有宋元明清古碑林。寺西有塔林,有墓塔223座;寺西北有初祖庵,相传达摩曾在此面壁九年,为国家级重点文物保护单位。
		相国寺	始建于北齐天保六年。唐睿宗为纪念他以相王即位,便敕建相王寺并赐名"大相国寺"。北宋时,将其扩建为京都开封最大的佛寺。
		其他	光山净居寺(天台宗的发祥地)、临汝的风穴寺、汝南的小南海寺等,也都是河南的重要寺院文化景观。
	石窟	龙门石窟	也叫伊阙石窟,与莫高窟、云冈石窟并称为中国古代石窟艺术三大宝库。该窟开凿于北魏孝文帝迁都洛阳前后,历经东西魏、北齐、北周、隋、唐、北宋400多年营造,相继开凿出窟龛2100多个,造像97300多尊,题记和碑碣3680多品,佛塔93座。最具代表性的有北魏时的古阳洞、宾阳洞、莲花洞、药方洞和唐代的潜溪东、万佛洞、奉先寺、看经寺等。窟内雕刻精致、生动,是我国古代雕刻艺术的精品,为我国重点文物保护单位,已被联合国列入世界文化遗产名录。
		灵泉寺石窟	位于安阳县宝山峡谷两侧。从东魏武定四年开凿,至宋末约600年,共开凿170窟。其中,隋开皇九年开凿在南北峰侧正中的大住圣窟,是灵泉石窟造像中的杰作。
		其他	巩义的石窟寺、偃师的水泉石窟等,也都是中国佛教建筑、雕刻艺术中的杰作。
	塔林	少林寺塔林	历代少林寺和尚墓地。现存唐代以来砖石墓塔232座,为全国最大的塔林。是研究佛教文化,特别是砖石建筑和雕刻艺术的实物资料库。1966年被定为全国重点文物保护单位。

宗教	类型	名称	简介
佛教	塔林	嵩岳寺塔	我国现存最古老的砖砌佛塔。由于建筑技术高超，质量优越，该塔虽已经历 1400 多年，仍巍然屹立。是全国重点文物保护单位。
		开宝寺塔	俗称铁塔。塔身用不同形制的琉璃砖砌筑成各种防水结构。塔身细部的琉璃砖上雕有 50 多种图纹。雕工精细，形态生动，为建筑艺术的精品。
		其他	许昌的乾明寺塔、安阳的天宇寺塔（也叫文峰塔）、开封的繁塔（也叫兴慈塔）、尉氏的兴国寺塔等，都是很有特色的佛教文物。
道教	宫观庙宇	嵩山中岳庙	嵩山中岳庙原名太室祠，始建于秦，汉武帝下令扩建，北魏始称现名。其中最大的是中岳大殿，内供中岳大帝。该庙是全国重点道教宫殿。
		王屋山阳台宫	王屋山山势险峻，宫观庙宇星罗棋布，有"天下第一洞天"之称。阳台宫在南麓，唐名道士司马承祯曾在此修真。宫内现存玉皇阁和大罗三境殿两进。大罗三境殿为河南现存规模最大的明代寺庙建筑，也是建筑、雕刻艺术中的佳作。
		太清宫与老君台	太清宫在老子故里鹿邑城东。始建于东汉，现存大殿为清代重建。老君台也叫升仙台或拜仙台，传说为老子飞升处。正殿壁上嵌短碑两块，左刻"犹龙遗迹"，右刻"道德真源"。台上还有宋代书法家的行书碑刻，山门下有石梯 32 阶。
		其他	老君堂、城隍庙、土地庙、关帝庙、岳庙、凤仙观、延庆观等宫观庙宇。
伊斯兰教	清真寺	北大寺	位于沁阳市。该寺始建于明初，清代又多次修葺扩建，建筑形制仍保留明代风格。该寺为河南省重点文物保护单位。
		北大街清真寺	位于郑州市始建于明代，重修于清代，新中国成立后又翻修过两次，仍保持着原有风貌，该寺为郑州市文物保护单位。
		其他	襄城西街、淮阳城内的清真寺等，也都是历史悠久、瑰丽壮观，保存与修建完好的伊斯兰教建筑。
基督教	教堂		基督教教堂大多建筑在教徒集中的省、地、县和乡镇里。多是仿照西方宫殿式样建造的，如罗马式、哥特式、文艺复兴式和拜占庭式等。

其次，从伦理道德到风俗、礼仪，河南深受宗教文化的影响。其中，儒释道在中原文化中影响最大，儒学传统更是融入日常生产、生活的方方面面。忠孝义是儒学思想的重要内容，"郭巨埋儿"就是关于孝的故事。可以说从有形的制度到无形的道德约束，从礼节仪式到日常社会都被打上了深深的烙印。道教文化也是中原文化的重要组成部分。道教兴起于东汉后期，在哲学、艺术、医学、建筑、化学等方面影响深远。佛教在汉代传入中原，唐代达到鼎盛时期。佛教思想与中原文化交融演变，在河南留下了大量的文化遗产。比如佛教思想强调的"平常心"，正如佛教诗"菩提本无树，明镜亦非台，本来无一物，何处染尘埃"中所体现的"空"的思想就对后世产生了很大的影响。再比如功夫文化，目前已经成为河南的文化名片了。此外，河南文化也受到了伊斯兰教和基督教等宗教的影响，直到今天，仍是伊斯兰和基督教信徒较多的省份。截至目前，相关宗教遗迹众多，具体见表1-4。

四　河南古建筑文化

中原地区的古建筑类型主要有古城、民居、宗教场所、衙署、书院、会馆、陵寝、天文台、祠堂、园林等。我们可以将其分为以下四类。第一类是河南已发现和保存较好的多处著名的古城邑、古长城及关隘。其中，归德城墙是全国保存较好的古城墙之一，全长9公里，现存城墙是明代嘉靖十九年筑成。开封古城墙全长14.4公里，是清代遗存，清代最后一次修建是在1842年。第二类是具有明显的中原文化气息的民居宅第，即一般民众所建之宅第，包括富家的庄园、故居和普通百姓的住所。如明清时代发展起来的巩义康店镇的康百万庄园、开封市的刘家大院、安阳市的马家大院、博爱县的苏家作民居群、项城县的袁家大院、原阳县的夏家大院、商丘县城内的壮悔堂民居等。康百万庄园是典型的堡垒式建筑，是开发较早的民居。此外，刘振华庄园位于巩义市神都山南侧，风格中西合璧，保存较好，具有较高的研究价值和观赏价值。安阳马氏庄园建于清末民初，占地2万多平方米，建筑面积5000多平方米，保存完整，艺术性强，被称为"中州大地仅有的封建官僚府第建筑标本"。第三类是衙署，河南现存衙署建筑中，又分府衙和县衙两级，其中以县衙居多。除南阳府衙等比较完整的衙署外，还有些仅存个别建筑物的衙署及相关建筑9处。其中，南阳府衙现存明清建筑100多间，占地面积7万多平方米，是具有较大研究价值的郡级衙署。而县衙中内乡县衙始建于元代1304年，现存建筑主要建于清代，叶县县衙始建于明代1369年，与密县县衙都是我国为数不多的保存较好的州治县衙。第四类是会馆、书院及其他公用建筑。现存河南会馆多为清代建筑，以山西、陕西、甘肃会馆居多。其中，郏县山陕会馆建于清代1693年，是保存较完整的会馆建筑；建于清代1776年的开封山陕甘会馆面积达3000多平方米；而建于清代1744年的洛阳潞泽会馆占地达到了15000多平方米，是商人从事贸易、联络感情的场所。在教育类建筑中，则以文庙和书院最为普遍，其中登封城北的嵩阳书院是我国古代"四大书院"之一。而嵩山书院的古建筑也被称为"研究中国古代书院建筑、教育制度及儒家文化的标本"。相关情况可见表1-5。

表1-5 河南现存古建筑

大类	类型	简况
古城邑、长城及关隘	古城邑	郑州商城城址、周代的洛阳王城、春秋战国之际的新郑郑韩故城，洛阳的汉魏故城，隋唐洛阳城和开封的北宋东京城等。晚期的城墙已开始使用砖砌，如明代归德城墙和清代开封城墙，都是保存基本完整的古城墙建筑。
	长城	战国时期的古长城如南阳方城的楚长城，被国内几座长城博物馆确定为我国古长城之一；此外，还有建于新密市的魏长城，豫北沁阳、辉县、林州一带的赵南长城等。

大类	类型	简况
古城邑、长城及关隘	关隘	历史上著名的古代关隘如灵宝的秦函谷关、新安的汉函谷关、荥阳县的虎牢关、登封与偃师接壤处的古轩辕关、淅川县的荆紫关以及信阳市南部的武胜关等，皆为依天然地势之险而建立的防卫要塞与战略要地。
民居	庄园	明清时代发展起来的巩义康店镇的康百万庄园。
	大院	开封市的刘家大院，安阳市的马家大院，博爱县的苏家作民居群，项城县的袁家大院，原阳县的夏家大院，商丘县城内的壮悔堂民居等。
宗教建筑	寺院、宫观等	河南的宗教建筑，主要有佛教寺院、道教的宫观、儒教的文庙、伊斯兰教的清真寺和其他自然崇拜的庙宇等。 佛教寺院：洛阳白马寺、登封少林寺、开封相国寺等。此外，许多著名的佛寺毁于战火，现仅存几座古塔，如开封繁塔、开封祐国寺塔、三门峡宝伦寺塔等。 道教宫观：中岳庙、济渎庙、吕祖庙等。
传统建筑	历史名人	纪念大禹治水的不朽功绩，而在开封等地修建的禹王台、禹王庙；淮阳县城外西南隅有"弦歌台"，世传为孔子在陈绝粮处；开封市的孟子游梁祠，民权县的庄周故里，南阳的武侯祠、张仲景祠，巩义市的杜甫祠，辉县市的邵雍祠，偃师市的吕蒙正读书窑，汤阴县的岳飞故里祠，商丘县城中的壮悔堂等。
	历史事件	对历史上重要事件或传说逸事的纪念性建筑也很多。如渑池县的战国秦、赵会盟台，鄢陵县曹操议事台，新野县城关镇三国议事台和"汉桑城"等。封丘县东南陈桥镇有"宋太祖黄袍加身处"，为陈桥驿兵变这一重大历史事件的纪念地。
	民俗性	卫贤镇恩荣坊，即为明代赐进士第承德郎主事孟楠所建，为四柱五楼式石坊，额题"龙章宠锡"大字；建于清道光的新乡市饮马口村的"七世同居坊"；位于偃师市顾县村建于清代为旌表任氏的"九世同居坊"等。
衙署	南阳府衙	国内少有的几座府衙建筑之一。创建于元代，明、清时期多次增建与重修，现在保存的建筑布局多为明、清规制，建筑主要为清代所建。南阳府衙规模宏大，很有特色，是研究衙署建筑的一个重要实例。
	内乡县衙	创建于元代，明、清之际曾多次维修并扩建，现存建筑多为清代作品，是河南省现存最完整的衙署建筑之一。

大类	类型	简况
衙署	叶县县衙	是河南已修复开放的第二座衙署。该县衙创建于明洪武二年,后在清代重修,也是明、清县衙的重要实例。
	其他	新乡县东大街清代县衙、邓州市城内县衙、陈留县衙、伊川县县衙即"自由县衙署"、古息州州衙等多处县衙保存了部分建筑和古衙的位置。
会馆、书院	会馆建筑	现存河南会馆多为清代建筑。以山西、陕西、甘肃会馆居多。如洛阳的山陕会馆、潞泽会馆,开封的山陕甘会馆等。河南的主要会馆建筑,有社旗山陕会馆、开封山陕甘会馆、洛阳潞泽会馆、山陕会馆、颍县山陕会馆、禹州怀帮会馆等。
	书院	登封市城北的嵩阳书院,是我国古代"四大书院"之一。

第二节 河南历史传统文化资源的特点

河南文化也被称为"中原文化""中州文化"。而河南文化资源的独特之处恰与其特殊的历史背景密切相关。概括起来,河南文化资源的特征主要表现为以下几个方面。

一 传统文化资源丰富

悠久的历史,给河南带来了丰富多彩的文化资源。河南是历史文化名城众多的省份。历史上,先后有 20 多个朝代建都或迁都河南,仅仅被列入国务院先后三批评定的历史文化名城的就有洛阳、开封、安阳、商丘、南阳、郑州、浚县七个;还有许昌、登封、淮阳、偃师等也都曾经是我国重要的历史文化城市。另外,文物丰富,遗址遍布。河南是我国文物资源大省,目前统计结果表明,地上文物仅次于陕西,居全国第二;地下文物则居全国第一;馆藏文物占全国的1/8。同时,历史遗址星罗棋布,仰韶遗址、龙山遗址、殷墟遗址、汉魏洛阳城遗址、北宋开封地下城等，都是我国文物考古的重大发现，载入史册，彪炳后世。再者，人杰地灵，名人辈出。思想家老子、庄子、韩非子，政治家李斯、刘秀、赵匡胤，科学家张衡，医圣张仲景，宗教学家玄奘，文学家杜甫、韩愈、白居易、李贺、李商隐、欧阳修，理学家程颢、程颐，军事家岳飞等都是在我国历史上具有重要地位的政治、军事、文化名人。此外，独特的宗教文化、民俗文化等，也是河南文化资源的重要组成部分。

二　历史时代特征明显

河南社会发展的黄金时代出现在 12 世纪之前，即北宋之前的时间。从河南各类存量文化资源来看，无论是文化资源的品质还是数量，无论是宗教文化、姓氏文化还是文物遗迹、传统建筑等，北宋之前的时间都是河南文化资源集中产生和发展的时期。因此从原始社会到封建社会北宋的 4000 多年的时间里，河南基本都是中国的政治、经济、军事、文化的中心。

而北宋之后，中国的政治、经济、文化中心逐渐向东南、东部，或北部地区转移。远离政治、经济中心的河南在之后的千年里影响越来越弱，相应地，文化地位也不断衰落。该时期文化资源的存量锐减，可以说，河南的文化资源具有明显的历史时代特征。

第三节　河南的文化资源产业化之路

文化产业的发展依托于文化资源的市场化开发和运作，区域文化产业竞争力的差异主要取决于不同地区对其现有文化资源的驾驭和利用能力。由于文化资源、人力资源、经济发展状况、基础设施条件、相关产业发展状况、政府政策等差异，不同地区文化资源的产业化之路不尽相同。

一 整合文化资源，大力发展文化旅游

首先，充分利用河南丰富的文化旅游资源优势。前面我们提到河南拥有的四大古都、国家历史名城、著名历史文化遗迹、文物、姓氏、功夫等都是发展文化旅游的要素条件。但是盲目的文化旅游开发恐怕难以将河南的文化旅游资源利用好，甚至有可能会导致同质竞争、千篇一律等情况。因此，要充分利用市场机制，加强政府监督与引导，吸引优秀的文化旅游开发企业进入，在注重文化资源保护的同时鼓励高品质的文化资源整合。其次，培育一批精品文化旅游线路和文化旅游产品。打造极具河南特色的古都文化、儒释道文化、功夫文化、黄河文化、姓氏文化等，培育一批具有国际影响力的精品旅游线路。建设突出参与性、体验性的民俗村、博物馆，提升旅游的文化内涵，增加趣味性。再次，推动旅游与演艺、养老、中医、功夫等的融合。《禅宗少林·音乐大典》《大宋·东京梦华》《大河秀典》《水秀》《武林风》《梨园春》等文化产品都是旅游与文化资源整合的成功之作。此外，河南还拥有功夫、养生、中医等一系列极具潜力的文化资源，将其与旅游进行整合既可以更好地开发文化资源，也可以提升文化旅游的层次，适应旅游需求的新趋势，打造新的文化业态，拉长旅游产业链。

二 强调创意与数字技术，推进新兴文化产业发展

首先，强调创意，注重内容。创意、创新是文化产业持续发展的动力。在文化产业的发展过程中，要注重"内容"，注重文化资源的挖掘和内容主导，要注重人才的引进与培养，为人才创造力的发挥提供支持。其次，推动新兴文化产业发展。加快数字平台的建设和完

善，为数字技术与文化产业的融合发展提供支持。以数字传媒为例，推动电视、广播两台融合、报网融合、台网融合、书（刊）网融合，推动传播渠道和接收终端的多元化发展。同时，加快新闻出版、广播影视、文化旅游等的数字化改造，大力发展网络广播影视、手机广播电视、电子书、手机报和网络出版、智慧旅游等新兴文化业态。加大优惠力度，推动新兴文化企业的发展壮大，注重培育一批诸如河南日报报业集团、中原出版传媒集团等重点龙头企业。

三 挖掘文化价值，打造中原文化品牌

从文化资源到文化产业需要经历的两个转化过程：一个是文化资源转化为文化产品，第二个是文化产品、文化内容生产和制作的规模化和产业化。区域文化产业的发展离不开对当地文化资源价值的挖掘，也与其文化资源的丰富或贫瘠程度有关，当然最为重要的是对文化资源的转化或驾驭能力。随着文化产业的发展，后一方面的表现更为关键，也有学者将其界定为文化产业的核心竞争力。可以说文化产业的核心竞争力是判定一个地域文化产业发展前景的重要因素之一。从微观的角度来看，文化产业核心竞争力要通过文化企业的竞争力来体现，而文化企业的竞争力除了核心技术自主化研发比率、市场占有率之外，品牌影响力也是重要的评判标准。而从产业的角度来看，文化产业品牌代表着一个地区文化产业的所有软硬实力内涵，在核心竞争力形成过程中具有突出的价值。

近年来，河南文化产业的发展有着不错的表现。功夫、汴绣等文化产品的影响力逐渐加大，然而河南文化资源的转化并非只有成绩，也存在着不少的问题。比如从文化品牌的数量和影响力等方面来看，河南具有较大影响力的品牌还比较少，与文化产业发达地区有较大差距，与河南丰富的文化资源很不相称。如果不正视这一点，故步自

封，未来的差距还会拉大，而不是缩小。那么，怎样才能更好地利用河南的文化资源呢？诚然，这是一项系统工程，需要制度、政府、企业、科技、教育、创意、人才等各方面的改善和支持。然而，学习发达国家和地区的经验，我们发现与其他产业相比，品牌的作用和影响力对文化产业尤为重要，不管在发展的哪个阶段，积极的文化品牌培育都有利于区域文化产业的发展。因而，集中资源，以重点文化品牌的培育为突破口，发展河南文化产业，促进河南文化资源的转化与开发，具有相当的可行性。

四　加强文化制度建设，支持文化产业发展

文化产业的发展还存在着知识产权保护不力、文化制度的建设显得相对滞后、相关法律法规难以面面俱到等问题，完全由市场机制来决定文化产品的供求及文化产业的发展面临制度、市场体系不健全，市场的发育程度不高以及市场的竞争机制还不完善等很多问题的困扰。因此，制定和实施必要的产业政策和法律法规是保障文化产业在现阶段健康发展的必要条件。文化产业的深入发展也需要文化产业政策的介入与支持。

第二章
河南省文化产业发展

河南省物质文化遗产和非物质文化遗产都十分丰富，为文化产业的发展提供了有利条件。在当前文化经济蓬勃发展的社会背景下，本章首先剖析文化产业的概念及其特征，考察河南文化产业的发展状况，在此基础上探讨河南文化产业竞争力提升中存在的问题，以期为文化产业和文化经济的发展提供思路。

第一节　文化产业及其特征

一　文化产业的概念

"文化产业"的概念是由美国学者丹尼尔·贝尔于1973年在其著作《后工业社会的来临》一书中首先提出的。而更早的，"文化工业"（Culture Industry）① 一词已经出现在霍克海默和阿道尔诺合著的《启蒙辩证法》中，他们从艺术和哲学的角度批判了凭借现代科技手段在工厂中制造出标准化、规格化的文化产品，使文化不再扮演激发否定意义的角色，而沦为统治者控制社会的工具。

20世纪90年代初美国再次提及文化产业，随即引起了世界各国广泛的关注。由于各国文化产业界定的差异及其所涉及范围的不断扩

① 马克斯·霍克海默、西奥多·阿道尔诺：《启蒙辩证法：哲学断片》，渠敬东、曹卫东译，上海人民出版社，2006，第107～152页。

大，如何界定文化产业一直是学者讨论的问题之一。美国从文化产品具有知识产权的角度将文化产业界定为文化领域中创造财富的产业，因此也将文化产业称为"版权产业"（Copyright Industries）。日本、韩国、欧盟则将文化产业称为"内容产业"（Content Industries）。欧盟"Info2000 计划"中将内容产业界定为"制造、开发、包装及销售信息产品和服务的产业"。① 英国、澳大利亚则主张采用"创意产业"（Creative Industries）的概念，强调文化产业的创造性和创意性等；1998 年英国创意产业特别工作小组将其定义为"源自个人创造力、才华和技能，通过生成和取用知识产权，具有创造财富并增加就业潜力特点的产业"。在我国，2000 年党的十五届五中全会通过的《中共中央关于制定国民经济和社会发展第十个五年计划的建议》中首次明确提出"文化产业"这一概念；2012 年国家统计局以《国民经济行业分类》为基础，根据文化及相关单位生产活动的特点，将行业分类中相关的类别重新组合，并将"文化及相关产业"界定为"为社会公众提供文化产品和文化相关产品的生产活动的集合"。2018 年国家统计局又将文化产业界定为以文化为核心内容，为直接满足人们的精神需要而进行的创作、制造、传播、展示等文化产品（包括货物和服务）的生产活动，以及为实现文化产品的生产活动所需的文化辅助生产和中介服务、文化装备生产和文化消费终端生产（包括制造和销售）等活动。

二　文化产业的特点

（一）文化产品具有商品与公共品双重属性

文化产品的商品属性使其更适于由市场机制进行调节，进而实现资源的有效配置。而作为公共品，文化产品若完全仅由市场提供则难

---

① 周晓英、张秀梅：《数字内容价值创造中政府的角色和作用》，《情报科学》2015 年第 10 期，第 3~10 页。

以实现资源的有效配置，因而应由政府进行干预或由公共部门、非营利组织等提供此类产品。

（二）注重创意与融合性强

"内容为王"，可以说每件成功的文化产品的产生都是极具创造性和个性的，是具有自主知识产权的原创性研究和发明，难以替代和简单复制。同时，文化产业具有高度的融合性、较强的渗透性和辐射力。随着文化产业的发展和新技术的运用，文化产业正不断发展出一系列新兴文化业态，并在带动新兴产业及其关联产业发展、推动区域经济发展方面发挥重要作用。

（三）高附加值与高增长潜力

文化产品的价值中，科技和文化的附加值比例明显高于普通的产品和服务。文化产业的本质特征就是产品中具有较高的文化含量、科技含量，具有高附加值与高增值性，同时由于文化附加值的不断提升，其边际收益递增。

（四）文化产业涵盖和涉及的行业众多

2018 年，国家统计局公布的《文化及相关产业分类》中罗列了新闻信息服务、内容创作生产、创意设计服务、文化传播渠道、文化投资运营和文化娱乐休闲服务等活动。其中既有现代化、大规模、拥有高新技术设备的企业，也有个体化、小规模、依靠个人创作和传统技艺发展的中小市场主体。这些市场主体在资金、技术、人力资源、文化政策等各个方面都有着不同的特点和诉求，也面临着共同的问题和障碍。

第二节　河南文化产业发展状况

一　居民文化消费水平持续提高

近年来，河南人均收入的增长基本与 GDP 同步。截至 2014 年底，河南省城镇居民人均消费支出为 37072 元，农村居民人均消费支出为 16184.5 元，与 2011 年河南省城镇居民人均消费支出和农村居民人均消费支出的 15615.5 元和 4928.9 元相比，有了很大的提高。同时，河南居民的消费结构中，旅游、文化、教育、娱乐等消费支出呈现快速的增长。2014 年城镇居民教育文化娱乐服务支出为 1721.9 元，农村居民教育文化娱乐服务支出为 757.8 元，比以前有较大的提高。①

居民用于教育文化娱乐服务的支出总体呈上升趋势对于文化产业来说，意味着未来该产业将迎来一个蓬勃发展的时期。以河南为例，2011 年城镇居民教育文化娱乐支出是 2008 年的 1.4 倍。然而河南在与其他省份的比较中，竞争力并不突出，与发达地区相比有较大的差距；在与中部其他省份的比较中，竞争力优势也并不明显，尤其是河南的人均指标不理想。因而要提高河南的文化产业竞争力，必须不断提高城乡的收入水平，尤其是人均收入水平。同时，城乡的收入差距悬殊，农村消费者的文化需求没有得到有效的开发，农村文化市场的发展与城市有较大差距，这种发展状况也在一定程度上制约了各地区文化产业的发展和竞争力的提高。

文化产业主要是以文化资源为生产要素，和第一、第二产业相比，知识科技含量高、资源和能源消耗低、环境污染少，是典型的低碳经济。同时，文化产品在生产和消费过程中，受资源和环境的制约较小，在资源相对紧张、环境压力较大的条件下，其可持续发展的特点更加突出。随着物质生活水平不断提高，人们会将更多的注意力投注在精神文化生活上，实现自身全面发展的意识会更加自觉。国际经验数据表明，当一国人均 GDP 在 1000 美元以下时，居民消费主要以物质消费为主；在 3000 美元左右时，进入物质消费和精神文化消费

---

① 相关数据来源于《中国统计年鉴（2015）》。

并重时期；超过 5000 美元时，进入文化消费需求旺盛期。2015 年，中国人均 GDP 达 8016 美元，文化消费进入了前所未有的黄金增长期。据预计，2020 年全国文化消费需求总量将达 16.65 万亿元，文化消费潜力释放空间巨大。当前，由于种种原因，我国文化消费市场的潜力还未得以充分释放，未来的市场空间巨大。

二 文化服务设施逐渐完善

从河南博物馆馆藏、规模及参观人次等方面来看，河南的馆藏文物数量仅次于北京、江苏、湖北、广东和四川，位列除香港、澳门外，全国 31 个省份第 6 位。① 但由于不同地区的历史文化的差异性，河南的馆藏文物与其他省份有较大的区别，仍具有独特的吸引力。这一点从举办的展览数与较多的参观人次方面能够较好地反映出来。

从河南公共图书馆的情况来看，河南公共图书馆数、总藏书量、总流通人次等总体上落后于东部地区，又较西部省份理想；在与中部省份的比较中，略逊于湖北、湖南，尤其是人均方面较差，如 2014 年河南人均拥有公共图书馆藏书量与安徽同时位列全国倒数第二，仅高于西藏。②

三 文化投入不断提高，文化投资规模不断加大

文化资源的转化需要资金的支持。在这方面，河南省逐步加大了文化投入的力度。总体看来，近年来，河南对文化产业的支持力度不断提高，但与发达国家和地区相比，无论是资金的支持力度还是政策的扶持还存在一定的差距。

---

① 相关数据来源于《中国统计年鉴（2015）》。
② 相关数据来源于《中国统计年鉴（2015）》。

（一）财政投入逐年增加

近年来，河南省逐步加大了文化投入的力度。2014 年河南文化体育与传媒方面的支出占河南省财政支出的 1.5%，达到 91.16 亿元（如表 2 - 1 所示）。自 2008 年以来河南文化体育与传媒的支出不断上升，在不考虑物价上涨因素的情况下，2014 年的文化体育与传媒的支出比 2008 年增长一倍以上。

表 2 - 1　河南省 2009～2014 年文化产业财政支出

指标	2014 年	2013 年	2012 年	2011 年	2010 年	2009 年	2008 年
河南文化体育与传媒支出（亿元）	91.16	80.78	69.63	57.54	54.99	58.67	41.46
河南文化体育与传媒支出占财政支出的比重（%）	1.5	1.4	1.4	1.4	1.6	2.0	1.8

资料来源：《河南省统计年鉴（2015）》。

（二）科技文化基础以及人才培养状况

近年来，河南在科研教育方面的投入不断加大，2010～2014 年无论是 R&D 经费支出，还是 R&D 人员数、科研项目数均有增加（见表 2 - 2）。

表 2 - 2　河南 R&D 方面主要指标

指标	2010 年	2011 年	2012 年	2013 年	2014 年
研究项目数（项）	24050	28422	30319	33015	36449
R&D 研究人员数（人）	144408	167386	185116	216269	232105
R&D 经费支出（万元）	2203026	2754872	3232202	3662956	4091119

资料来源：《河南统计年鉴（2015）》。

表 2 - 3 所示是 2014 年互联网的相关指标介绍。同样地，虽然河南在中部地区的指标领先，但与东部省份及城市相比，仍有不小的差距。

表 2 - 3　2014 年互联网相关指标

单位：万人，万个

指标	河南	北京	上海	浙江	江苏	山东	陕西	湖北	湖南
上网人数	3474	1593	1716	3458	4274	4634	1745	2625	2579
域名数	63.3	265.5	102.3	91.2	83.6	304.2	20.2	35.5	32.5
网站数	12.4	45.7	311.4	21.9	16.5	15.8	3.8	6.8	4.9

资料来源：《中国统计年鉴（2015）》。

从表 2 - 4 可以看出，在三种专利受理数与授权数的省份比较中，河南与北京、上海、浙江、江苏、山东等相比还有较大的差距，江苏的三种专利受理数达到了 421907 件，授权数达到了 200032 件，分别是河南三种专利受理与授权数的 6.8 倍和 6.0 倍。但与中部其他省份相比，比如与陕西、湖北、湖南等省份相比，无论是受理数还是授权数河南均有优势。

表 2 - 4　2014 年三种专利受理数与授权数省份比较

单位：件

指标	河南	北京	上海	浙江	江苏	山东	陕西	湖北	湖南
受理数	62434	138111	81664	261435	421907	158619	56235	59050	44194
授权数	33366	74661	50488	188544	200032	72818	22820	28190	26637

资料来源：《中国统计年鉴（2015）》。

可以说，河南在科技和文化实力方面的整体实力有了一定的提升，然而不可否认的是河南在许多方面还有待加强，如上述图表所示，河南在高校的影响力、人均教育经费投入、科研经费投入、专利申请、授权数以及互联网的普及等方面与东部还有着不小的差距。

四 河南文化产业发展状况

(一)文化产业保持较快增长势头

2010 年,河南共有文化产业法人单位 17196 个,文化产业实现增加值 476.02 亿元,同比增长 11.2%,从业人员年增长 4.97%,高于全社会从业人员 1.3% 的增速。到 2015 年,河南文化法人单位增加至52103 家,同比增长 35.7%,占全国的比重为 4.6%;文化产业增加值达到 1111.87 亿元,同比增长 12.9%,高出全国 1.9 个百分点,增速明显高于全省 GDP 增速,占 GDP 的比重首次突破 3%。[①]

从河南广播、电视节目的制作、播出以及覆盖率等情况来看,2013 年河南广播、电视节目人口覆盖率达到 98% 以上,公共广播节目套数为 152 套,电视节目套数为 167 套。[②] 在与其他省份的比较中,总体上处于落后于东部、优于西部的位置。与中部几个省份相比,就数量来看并不落后,但从节目的影响力来看,还有待进一步提高。从河南出版发行机构及印刷生产情况来看,2013 年河南有出版发行机构 8574 家、出版企业 428 家,网点数以及从业人数总量都在全国排名靠前,出版印刷生产情况也较好。[③] 与中部省份相比,优于安徽、江西、山西,与湖北接近,但与湖南相比还有一定的差距。

经过多年的发展,河南已经拥有河南日报报业集团、中原出版传媒集团、河南影视制作集团、河南有线电视网络集团、河南文化影视集团等多家大型文化企业,及开封清明上河园公司、小樱桃动漫公司、郑州天人文化旅游公司等中小文化企业。2016 年,全省规模以

---

① 相关数据来源于《河南统计年鉴 (2016)》。
② 相关数据来源于《中国统计年鉴 (2014)》。
③ 相关数据来源于《中国统计年鉴 (2014)》。

上文化及相关产业企业有 3208 家，从业人员达 48.58 万人，实现营业收入 3580.89 亿元。[①] 此外，河南已经建成宋都古城国家级文化产业园区、镇平县国家级文化产业园区以及龙门文化旅游园区、郑州嵩山文化产业园区、禹州市（神垕）钧瓷文化产业园区、汝州市汝瓷电子商务产业园、内乡县县衙文化产业园等多个省级文化产业园区。中原文化"走出去"步伐也逐渐加快，文化产品与服务出口快速增长，各类文化合作交流活跃，中原文化的影响持续扩大。

（二）文化旅游业仍有较大发展潜力

河南具有文化旅游业发展的独特资源优势。中国八大古都中，河南居其四，并拥有 8 个国家级历史文化名城。截至 2009 年底，河南可供旅游的 A 级景区有 170 处，其中，4A 级以上景区有 69 个。以历史古城、古镇风貌、汴绣、钧瓷、龙门石窟、少林寺为吸引物，以功夫、中医、根亲、黄河、儒释道等文化为内涵，结合《禅宗少林·音乐大典》《大宋·东京梦华》《大河秀典》等一系列演艺精品，河南已经打造出独特的历史文化旅游产品和文化品牌。此外，河南还将旅游与运动、会展等融合起来推出了生态旅游、运动休闲旅游、会展旅游等新兴文化旅游业态，扩展了文化旅游的领域，拉长了旅游产业链，形成了具有中原文化特色的旅游精品线路。目前河南不少文化旅游品牌在国内外都拥有较大的影响。总的来看，河南省的旅游业产值在 GDP 中占的比重高于国家平均水平，增长速度高于本省 GDP 和第三产业的增长速度（除 2003 年"非典"时期外），特别是 2007 年，旅游业产值的增长速度高达 30.08%，远远高于同年全省 GDP 的增长速度。然而，河南旅游业的发展与其丰富的文化资源很不相称，与文化旅游业发达的地区相比还存在较大的差距。2016 年，河南接待入

---

① 相关数据来源于《河南统计年鉴（2017）》。

境旅游人数为 149.93 万人次，国际旅游收入为 6.265 美元，在全国分列第 20 位和第 19 位。与东部文化旅游业发展较快的省份相比，河南在经济发展水平和产业发展基础、企业竞争力、文化竞争力等各个方面，尤其是在文化旅游业发展的资本投入、人才引进培养、产业规模等产业发展的基础方面还有较大的差距。

（三）科技与创意是文化产业发展的方向

首先，数字技术、互联网与文化产业融合发展的趋势明显。伴随着高新技术的迅猛发展，数字传媒、网络出版、流媒体点播、音乐视频下载、手机报等新业态呈现蓬勃发展的势头。河南日报报业集团、中原出版传媒集团、河南影视制作集团、河南有线电视网络集团、河南文化影视集团等龙头传媒企业也不断推出新产品，探索数字传媒的新业态。以河南日报报业集团为例，截至 2014 年，河南日报报业集团已拥有大河网、大豫网、河南手机报、《河南日报》数字报纸频道等多个数字媒体[1]；已逐步形成了"报、网、端、微"门类齐全的多维化、立体式传播矩阵。河南拥有丰富文化资源，科技的融入无疑为其深入开发和利用提供了新的机遇。

其次，注重创意也是河南文化产业发展的方向。近年来，河南积极支持创意与农业、工业等产业的合作，以培育具有中原特色的创意产业集群，致力为创意产业打造良好的发展平台。随着人们对精神生活的追求和河南经济的发展与产业的升级，创意、体验、品牌、服务以及人气等文化内涵已逐渐融入文化产品制造、城市生活、工业设计制造、建筑规划等行业之中。以工业设计制造为例，文化创意已经成为河南工业制造服务化转型的推手，有助于推动河南从制造到创造的转变。然而没有良好的外部环境、高水平的公共服务平台以及优秀的

---

① 王晓易：《〈河南日报〉"数字报纸"频道开通》，网易新闻，http://news.163.com/14/0531/03/9THSM5J900014Q4P.html。

人才等的支持，创意产业的发展就难以落到实处，其中人才是重中之重。以动漫产业为例，河南省的动漫产业起步较晚，技术落后。目前河南的动漫企业多是外来企业，技术力量也多来自沿海，本土企业难以进行规模性的原创开发与生产，再加上动漫人才的缺乏，河南的动漫产业多处于外包加工和辅助生产方面，技术上、人力方面的短板制约着河南技术型文化产业的进一步发展。

五　河南文化产业发展中存在的问题

（一）同质化问题突出，新兴文化产业发展缓慢

文化资源是文化产业发展的基础，河南丰富的文化资源为文化产业的发展提供了大量的素材。这些本应成为河南发展文化创意产业的基础，然而各地在文化资源的挖掘、利用过程中，太多地抄袭、复制、模仿，而缺乏创意和创新的支持，存在较为严重的同质化、低水平重复建设、结构趋同等问题，"山寨"现象频频出现。同质化问题不仅影响了河南文化资源的转化效率和效果，而且加剧了文化产业的同质竞争，不利于具有中原文化特色的文化产品和文化品牌的形成，不利于河南文化产业的长远发展。与此同时，文化旅游、新闻出版、文化产品和设备制造等仍是河南文化产业的优势领域，而由于高新技术开发利用与融合应用的欠缺等，文化创意、数字出版、移动多媒体、动漫游戏等具有高技术含量的新兴文化产业的发展则较为缓慢，与文化产业发达地区相比，还有较大的差距。

（二）文化旅游资源的整合还有待加强

文化资源的开发是一项涉及多层次、多行业、多地区等的综合性工作，需要文化产业与旅游产业两大产业系统的整合和开发。目前，河南省文化旅游资源的整合更多的是在文化资源的利用方面，但在政府管理方面、产业的规划整合方面及市场运营、品牌营销等方面的整

合还不够，或者未涉及，未能充分挖掘出两大产业的潜力，从较高层次对两大产业进行整合和创新。从而导致资源整合方面，旅游产品单一，综合开发产品少；以文物、古迹等为特色的人文旅游资源较多，以观光为主，产品开发模式雷同，缺乏参与性、主题性和休闲性等综合功能，这在一定程度上制约了对高品质、高知名度人文资源的开发；景点、景区等旅游产品开发过于简单化，缺乏个性，缺乏历史悠久的文化所带来的厚重感。向市场提供的旅游产品档次不高，产品市场竞争力不强，造成"一流的资源""三流、四流的旅游产品"的状况，甚至毁坏了文化旅游资源；在旅游管理体制方面，文化旅游资源的开发缺乏统一的规划和统一的管理，旅游业的管理存在条块分割的问题，文化旅游资源的管理涉及城建、文物、旅游、宗教等各个部门，各个管理部门存在管理职能交叉、重复、空缺等体制性矛盾，各部门之间的配合不够，严重制约着旅游业的发展。

（三）文化品牌数量少，品牌价值有待提升

文化产业竞争力的差异在很大程度上表现为文化品牌数量和影响力的差异，而品牌的数量和价值反过来又会影响到地区文化产业的发展。无论是从数量还是从价值来看，文化产业发达地区无一不拥有与之相匹配的文化品牌。因此，文化品牌的构建日益成为文化产业发展的重要支撑点。近年来，河南文化企业有了快速的发展，2015 年规模以上文化制造企业有 1006 家，规模以上文化服务企业有 1072 家，数量分别位居全国第七位；规模以上文化制造企业营业利润为 1880805 万元、规模以上文化服务企业营业利润为 323728 万元，分别位居全国第四和第九位。[①] 然而，无论是从文化品牌的数量还是从文化品牌影响力来看，与北京、上海、广东、浙江、江苏等相比，河南

① 相关数据来源于《中国统计年鉴（2016）》。

还有较大的差距，产业集聚优势并不明显，文化品牌的支撑能力不足。

（四）人才缺乏，基础设施薄弱

人才支持和基础设施对文化产业的发展也起着重要的作用。尤其是文化创意、动漫游戏等新兴文化产业的发展对人才有着较高的要求，需要文化人才尤其是文化名家的解读，需要管理人才的组织和协调，需要从业人员具备熟练的数字技术、良好的文化素养以及过硬的专业知识等综合性的知识与技能。从科学技术基础及创意人才培养来看，河南还有较大的欠缺。2013 年河南每万人科技人员数为 31.15人，每万人拥有专利数为 2.78 件。相较而言，2009 年北京每万人科技人员数就已达到 301.99 人，2014 年每万人科技人员数达到 337.73人。就基础设施而言，河南与发达地区也有较大的差距。比如 2015年河南有线广播电视传输干线网络总长 18.3 万公里，数字电视覆盖586.7 万户，远低于浙江、江苏、山东、湖北等地[①]。

（五）文化体制改革有待深入，产业政策实施效果有待提升

从 2005 年《河南省建设文化强省规划纲要》及《中共河南省委、河南省人民政府关于大力发展文化产业的意见》的出台，到 2016 年 6月《河南省支持文化企业发展和经营性文化事业单位转企改制的若干政策》的颁布，众多文化产业政策持续不断地推出，对河南文化产业的发展起到了积极的推动作用。然而随着互联网与数字技术的进步，新兴文化业态不断涌现，与之相比，河南在文化制度建设方面还存在不少的问题。比如河南对文化制度的建设显得相对滞后，相关法律法规也难以面面俱到。与此同时，文化产业政策还存在不系统及不规范、不细致等问题，而政府部门间的协调性以及部分政策的可操作性等也有待进一步提高。

---

① 相关数据来源于《河南统计年鉴（2014）》《中国统计年鉴（2016）》。

第三节　河南文化产业竞争力分析

文化产业竞争力水平的高低受到多种因素的影响。而文化产业综合竞争力评价的关键是评价指标体系的建立和评价方法的选择。

一　综合竞争力指标体系建立的原则

文化产业竞争力评价指标的选择，要遵循以下几点原则。（1）综合性原则。评价指标体系要根据产业竞争力理论和文化产业的特征，尽可能全方位、多角度地反映地区文化产业竞争力水平。（2）协调性原则。影响文化产业的因素有很多，在指标的选取上，尽可能地遵循评价数据的可得性、代表性、全面性、相关性和相对性原则。（3）可操作性原则。本节所采用的统计数据基本上都是来自《中国统计年鉴（2017）》和《中国文化文物统计年鉴（2017）》，对于很多无法量化或无法采集数据的指标，则尽量用其他相近的指标代替。

因西藏、青海部分数据缺失，在地区的选择中，笔者选取了除西藏、青海、香港、澳门等地之外的其他 29 个省份进行比较。其中既有经济发展水平较高的东部省份，也有发展的基础相近、资源和区位优势有很多相似之处的中部省份，具有较强的可比性。

二　文化产业竞争力影响因素分析

产业竞争力理论中，迈克尔·波特的竞争优势是影响比较大的理论。依据波特的竞争优势理论，文化产业的发展和竞争力状况要受到文化资源、人力资源等生产要素，市场需求状况，相关产业的发展，企业竞争力以及政府行为等多方面因素的影响。文化资源作为文化产业发展的物质基础，其内含的文化价值、观赏价值等都会影响文化产业的竞争力水平。而文化产业竞争力提升和不断发展的关键在于以创意、科技推动各种文化资源、文化产品的利用和开发，以满足人们对文化产品和服务的需求。同时在深度挖掘文化资源文化内涵的过程中，还需要建立和营造良性的内部运行机制和外部发展环境，以提升产业素质，获得可持续发展。因而，文化产业竞争力的评价还需要对市场需求状况、资本和人力资本的投入、作为市场主体的企业的经营管理水平以及教育、科技创新能力、基础设施的完善程度、政府的管理和服务水平等进行考察，以使潜在的文化资源竞争力转化为文化产业竞争力。

目前，国内学者对文化产业综合竞争力评价指标体系的研究较多，评价指标体系的确立也能够涵盖上述几种因素，但是所构建的指标体系中对文化资源的提及很少，对企业的竞争力也较少涉及，因此本节在借鉴他人成果的基础上，从文化产业的特点出发，参照波特的竞争优势理论以及相关数据的可得性，从文化资源、人力资源等生产要素，市场需求，相关产业的发展，企业发展潜力以及政府投入和服务水平等方面出发构建了包含 5 个子系统和 22 个解释性指标的评价指标体系（见表 2 - 5），对河南等 29 个省份的文化产业竞争力进行比较研究。

表 2 - 5　文化产业综合竞争力评价指标体系

子系统	原始指标或生成指标
生产要素（B_1）	世界文化和自然遗产数量（V_1）
	地区人均文物藏品数量（V_2）
	博物馆数量（V_3）
	地区固定资产投资（V_4）
	互联网普及率（V_5）
	地区大专及以上学历比重（V_6）
	文化体育和娱乐业从业人员所占比重（V_7）

子系统	原始指标或生成指标
市场需求（B_2）	地区人均 GDP（V_8）
	地区人均可支配收入（V_9）
	地区居民文化娱乐消费支出（V_{10}）
相关产业发展（B_3）	地区软件业务收入（V_{11}）
	国际旅游收入（V_{12}）
	入境过夜游客人次（V_{13}）
企业发展潜力（B_4）	地区 R&D 经费占 GDP 比重（V_{14}）
	专利申请授权数量（V_{15}）
	地区文化文物机构总收入（V_{16}）
	艺术表演团体演出收入（V_{17}）
	艺术表演团体经费自给率（V_{18}）
	地区国家级文化产业示范园区与基地数量（V_{19}）
政府行为（B_5）	文化文物部门财政拨款（V_{20}）
	科学技术公共预算支出（V_{21}）
	文化、体育与传媒公共预算支出（V_{22}）

三 河南文化产业竞争力评价

本文选择运用 SPSS 因子计量分析法对河南文化产业综合竞争力状况进行分析和评价，并在此基础上，提出发展河南文化产业、提升文化产业竞争力的意见和建议。

首先，上述文化产业竞争力评价指标体系中所用数据主要来自《中国统计年鉴（2017）》和《中国文化文物统计年鉴（2017）》及其他相关统计资料，并且为解决数据中存在的量纲不一致问题，首先对原始数据进行了标准化处理。在运用 SPSS 17.0 统计软件进行因子分析之前，通过 KMO 检验和 Bartlett 检验（结果见表 2-6），显示 KMO 取值 0.713 > 0.7，适合因子分析，同时 Bartlett 球形检验的显著性水平为 0.000，小于 0.05，因此拒绝原假设，适合进行因子分析。

表 2 - 6　KMO 与 Bartlett 检验结果

Kaiser-Meyer-Olkin 抽样适度测定值		0.713
Bartlett 球形检验	近似卡方值	863.652
	自由度	231
	显著性水平	0.000

其次，我们运用因子分析法对数据进行处理，并得出评价河南文化产业综合竞争力的 4 个主因子的特征值和方差贡献率，提取的 4 个因子累计反映了原变量 83.920% 的信息（见表 2 -7），总方差分析效果较好。

表 2 - 7　主因子特征值与贡献率

主因子	提取平方和载入			旋转平方和载入		
	特征值	方差贡献率（%）	累计方差贡献率（%）	特征值	方差贡献率（%）	累计方差贡献率（%）
1	11.019	50.087	50.087	6.327	28.760	28.760
2	4.223	19.196	69.283	5.771	26.234	54.994
3	1.917	8.713	77.996	4.503	20.469	75.464
4	1.303	5.923	83.920	1.860	8.456	83.920

再次，因子命名和因子分析。从因子载荷得出方差极大正交旋转载荷矩阵（见表 2 -7）。未经旋转的载荷矩阵，含义比较模糊，而旋转后的因子载荷矩阵，可以更好地解释主因子。通过旋转因子矩阵（见表 2 -8）分析可知，互联网普及率（V_5）、地区大专及以上学历比重（V_6）、文化体育和娱乐业从业人员所占比重（V_7）、地区人均 GDP（V_8）、地区人均可支配收入（V_9）、地区居民文化娱乐消费支出（V_{10}）、地区 R&D 经费占 GDP 比重（V_{14}）等 7 个变量在第一主因子上有较大载荷，因而将其命名为经济发展与文化需求因子；地区软件

业务收入（V_{11}），国际旅游收入（V_{12}），入境过夜游客人次（V_{13}），专利申请授权数量（V_{15}），地区国家级文化产业示范园区与基地数量（V_{19}），文化文物部门财政拨款（V_{20}），科学技术公共预算支出（V_{21}），文化、体育与传媒公共预算支出（V_{22}）等 8 个变量在第二主因子上有较大载荷，将其命名为产业和政府行为因子；世界文化和自然遗产数量（V_1）、地区人均文物藏品数量（V_2）、博物馆数量（V_3）、地区固定资产投资（V_4）、地区文化文物机构总收入（V_{16}）等 5 个变量在第三主因子上有较大载荷，将其命名为资源因子；艺术表演团体演出收入（V_{17}）、艺术表演团体经费自给率（V_{18}）在第四主因子上有较大载荷，将其命名为艺术表演因子。

表 2-8　旋转因子矩阵

变量	主因子			
	1	2	3	4
V_6	0.974	0.069	-0.071	-0.070
V_9	0.893	0.275	0.082	0.266
V_{10}	0.871	0.282	-0.012	0.243
V_{14}	0.859	0.270	0.301	0.042
V_8	0.810	0.259	0.102	0.327
V_5	0.735	0.488	-0.109	0.228
V_7	0.651	-0.218	-0.248	-0.483
V_{13}	0.001	0.972	-0.002	0.017
V_{12}	0.213	0.927	0.021	0.112
V_{21}	0.289	0.843	0.236	0.265
V_{15}	0.202	0.734	0.472	0.305
V_{11}	0.476	0.675	0.430	0.162
V_{22}	0.363	0.653	0.613	-0.055

续表

变量	主因子			
	1	2	3	4
V_{20}	0.339	0.628	0.600	0.065
V_{19}	0.517	0.596	0.407	-0.049
V_3	-0.251	0.126	0.860	0.206
V_4	-0.274	0.257	0.797	0.271
V_2	0.177	0.035	0.791	-0.028
V_{16}	0.274	0.564	0.633	0.249
V_1	0.033	0.037	0.631	-0.392
V_{18}	0.270	0.120	-0.017	0.672
V_{17}	0.485	0.292	0.391	0.580

最后，计算主因子得分，并进一步对各省份文化产业综合竞争力得分进行排序（见表 2 - 9）。计算公式为 $SCORES = FAC_1 \times 0.2876 + FAC_2 \times 0.26234 + FAC_3 \times 0.20469 + FAC_4 \times 0.08456$，其中，$SCORES$ 为样本省份综合得分；$FAC_1 \sim FAC_4$ 分别为通过回归法计算的 4 个主因子得分；我们把旋转后的方差贡献率作为 4 个主因子的权重。

表 2 - 9　文化产业综合竞争力排名

地区	FAC_1	排名	FAC_2	排名	FAC_3	排名	FAC_4	排名	综合竞争力	排名
北京	3.95654	1	0.19526	5	0.43129	8	-2.24950	29	1.09	1
天津	1.02252	4	-0.44421	25	-1.05074	27	0.83002	6	0.03	10
河北	-0.41813	20	-0.30051	20	0.09063	11	0.08198	12	-0.17	16
山西	0.00857	8	-0.68279	27	-0.08480	14	0.44140	10	-0.16	15
内蒙古	0.17880	7	-0.30013	19	-0.72278	25	-0.55887	22	-0.22	18
辽宁	0.32056	5	0.08409	7	-0.91447	26	-0.55667	21	-0.12	14

地区	FAC_1	排名	FAC_2	排名	FAC_3	排名	FAC_4	排名	综合竞争力	排名
吉林	-0.10324	12	-0.16666	12	-0.72144	24	-0.71591	25	-0.28	20
黑龙江	-0.41112	18	-0.36454	23	-0.48161	19	-0.42055	19	-0.35	23
上海	2.39831	2	0.01732	9	-0.47763	18	2.33562	1	0.79	3
江苏	0.27122	6	0.57076	3	1.98968	3	1.74833	2	0.78	4
浙江	0.46543	3	0.64400	2	1.07796	5	1.19709	3	0.62	5
安徽	-0.70881	25	-0.03623	10	-0.06298	13	0.71992	7	-0.17	16
福建	-0.08905	11	0.41870	4	-0.35244	16	0.52032	8	0.06	9
江西	-0.63517	24	-0.31733	21	0.09812	10	-0.42539	20	-0.28	20
山东	-0.22460	16	-0.34471	22	2.27267	1	0.46711	9	0.35	6
河南	-0.71058	26	-0.70181	29	1.12677	4	1.13743	4	-0.06	12
湖北	-0.20582	14	-0.29371	18	0.59155	7	0.00192	14	-0.01	11
湖南	-0.13590	13	-0.12194	11	0.24323	9	-0.58001	23	-0.07	13
广东	-0.53474	22	4.88719	1	-0.54656	20	-0.08091	16	1.01	2
广西	-0.86523	28	0.06992	8	-0.43007	17	-0.37553	18	-0.35	23
海南	-0.21609	15	-0.68384	28	-1.58589	29	1.13704	5	-0.47	29
重庆	-0.28554	17	-0.25495	16	-0.60769	21	0.29323	11	-0.25	19
四川	-0.41595	19	-0.22700	14	2.21779	2	-1.73546	28	0.13	7
贵州	-0.88554	29	-0.25790	17	-0.69985	22	0.07559	13	-0.46	28
云南	-0.78166	27	0.10776	6	0.02165	12	-1.54718	27	-0.32	22
陕西	-0.07407	10	-0.25218	15	0.93147	6	-0.32575	17	0.08	8
甘肃	-0.56652	23	-0.41119	24	-0.20926	15	-0.76692	26	-0.38	26
宁夏	0.06656	9	-0.62631	26	-1.43630	28	-0.06691	15	-0.44	27
新疆	-0.42074	21	-0.20707	13	-0.70831	23	-0.58143	24	-0.37	25

　　文化产业综合竞争力得分越高，说明该地区文化产业综合竞争力越强，反之越弱。从表2-9中可以看出，北京位列第一，与广东、

上海、江苏、浙江占据综合竞争力排名的前 5 位。而河南文化产业的综合竞争力位列第 12 位，低于山东、四川、陕西、福建、天津、湖北，但与湖南等其他省份相比，仍具有竞争优势。

四 河南文化产业竞争力提升中的问题与对策

文化产业竞争力受到多种因子的共同影响。综合来看，河南与北京、上海、广东等文化产业发达地区相比，还存在较大的差距，尤其是在经济发展与文化需求因子、产业和政府行为因子方面。但河南文化产业的综合竞争力在 29 个省份中排名 12 位，竞争力得分高于湖南等地区，尤其是在资源因子、艺术表演因子方面表现较为出色。

（一）河南文化产业竞争力提升中存在的不足

从文化产业综合竞争力分析来看，河南文化产业与发达地区的差距主要体现在经济发展水平和产业发展基础方面。

1. 经济发展与文化需求方面

河南与文化产业发达地区的差距主要体现在经济发展水平方面，即经济发展与文化需求因子方面。其中，2016 年河南人均 GDP 为 42575 元，在 29 个省份中排名第 19 位，是北京人均 GDP 118198 元的 36%；人均可支配收入为 18443.1 元，仅高于西藏、贵州、甘肃、云南、青海、新疆等 6 个地区；互联网普及率为 43.4%，仅高于云南、甘肃、贵州三省，排名第 26 位（见表 2 - 10 和表 2 - 11）。在文化产品需求方面，2016 年河南人均文化娱乐消费为 1439.5 元，在 29 个省份中排名第 26 位（见表 2 - 11）。从产业发展的技术和智力支持方面来看，河南 2016 年大专及以上学历所占比重为 8.0%，排名第 27 位，而河南 2016 年 R&D 经费占 GDP 比重为 1.23%，排名第 16 位，而同期北京 R&D 经费占 GDP 比重达到了 5.96%（见

表 2 – 12）。

表 2 – 10 2016 年部分省份经济发展与基础设施状况

地区	人均 GDP		地区	互联网普及率	
	金额（元）	排名		数值（%）	排名
北京	118198	1	北京	77.8	1
天津	115053	2	上海	74.1	2
上海	116562	3	广东	74.0	3
江苏	96887	4	福建	69.7	4
浙江	84916	5	浙江	65.6	5
福建	74707	6	天津	64.6	6
广东	74016	7	辽宁	62.6	7
内蒙古	72064	8	江苏	56.6	8
山东	68733	9	山西	55.5	9
重庆	58502	10	新疆	54.9	10
湖北	55665	11	河北	53.3	11
吉林	53868	12	山东	52.9	12
河南	42575	19	河南	43.4	26

资料来源：《中国统计年鉴（2017）》。

表 2 – 11 2016 年部分省份人均可支配收入和文化需求

地区	人均可支配收入		地区	人均文化娱乐消费	
	金额（元）	排名		金额（元）	排名
上海	54305.3	1	上海	4174.6	1
北京	52530.4	2	北京	3686.6	2
天津	34074.5	3	浙江	2794.3	3
浙江	38529.0	4	江苏	2514.5	4
江苏	32070.1	5	广东	2451.2	5

地区	人均可支配收入		地区	人均文化娱乐消费	
	金额（元）	排名		金额（元）	排名
广东	30295.8	6	辽宁	2422.1	6
福建	27607.9	7	天津	2404.0	7
辽宁	26039.7	8	湖南	2392.7	8
山东	24685.3	9	内蒙古	2165.8	9
内蒙古	24126.6	10	福建	1905.4	10
重庆	22034.1	11	吉林	1850.1	11
湖北	21786.6	12	山西	1810.7	12
河南	18443.1	23	河南	1439.5	26

资料来源：《中国统计年鉴（2017）》。

表 2-12　2016 年部分省份技术与智力投资状况

地区	大专及以上学历所占比重*		地区	R&D 经费占 GDP 比重	
	数值（%）	排名		数值（%）	排名
北京	45.5	1	北京	5.96	1
天津	25.6	2	上海	3.82	2
内蒙古	18.3	3	天津	3.00	3
辽宁	18.0	4	江苏	2.66	4
江苏	16.6	5	广东	2.56	5
宁夏	15.4	6	浙江	2.43	6
浙江	15.2	7	山东	2.34	7
吉林	14.1	8	陕西	2.19	8
湖北	13.9	9	安徽	1.97	9
广东	13.8	10	湖北	1.86	10
新疆	13.7	11	重庆	1.72	11

地区	大专及以上学历所占比重*		地区	R&D 经费占 GDP 比重	
	数值（%）	排名		数值（%）	排名
山西	13.6	12	四川	1.72	12
河南	8.0	27	河南	1.23	16

*大专及以上学历所占比重是基于抽查人口计算的。

资料来源：《中国统计年鉴（2017）》。

2. 产业基础和政府行为方面

河南文化产业竞争力与发达地区的差距还体现在产业基础和政府行为方面，即产业和政府行为因子方面。具体地，2016年河南国际旅游收入达到6.265亿美元，在29个省份中排名第19位，而同期广东国际旅游收入达到了185.7713亿美元（见表2-13）；2016年河南软件业务收入为2963542.7万元，排名第16位，是广东软件业务收入的3.6%、江苏软件业务收入的3.6%（见表2-14）。此外，河南在文化文物部门财政支出、科技预算支出以及文化、体育与传媒预算支出方面与发达地区相比也存在不小的差距（见表2-15～表2-17）。其中，2016年河南文化文物财政支出为368694.9万元，排位第12位，是北京文化文物财政支出的58%；科技预算支出为96.10亿元，排名第10位，是同期北京科技预算支出的34%、江苏省的25%、上海的28%；文化、体育与传媒预算支出为97.33亿元，排名第10位，是同期北京的49%、陕西的77%。总的来看，在文化产业发展的基础和政府的支持方面，河南有着较好的表现，但在文化资源的国际影响力、文化产业的发展状况等方面还较弱，制约了文化产业整体竞争力的上升。

表 2 - 13　2016 年部分省份国际旅游收入

地区	收入（百万美元）	排名	地区	收入（百万美元）	排名
广东	18577.13	1	山东	3063.42	8
上海	6419.2	2	安徽	2542.36	9
福建	6625.69	3	陕西	2338.55	10
北京	5070.00	4	广西	2164.27	11
江苏	3803.62	5	湖北	1872.39	12
天津	3556.87	6	辽宁	1823.92	13
浙江	3127.59	7	河南	626.50	19

资料来源：《中国统计年鉴（2017）》。

表 2 - 14　2016 年部分省份软件收入

地区	收入（万元）	排名	地区	收入（万元）	排名
广东	82233915.9	1	福建	21578984.8	8
江苏	81656015.1	2	辽宁	18903340.6	9
北京	64160228.4	3	湖北	13305110.7	10
山东	42610827.7	4	陕西	13001963.6	11
上海	38158599.7	5	天津	11858458.5	12
浙江	36000229.8	6	重庆	10249597.2	13
四川	24230869.8	7	河南	2963542.7	16

资料来源：《中国统计年鉴（2017）》。

表 2 - 15　2016 年部分省份文化文物部门财政支出

地区	支出（万元）	排名	地区	支出（万元）	排名
广东	857500.7	1	上海	500918.8	7
浙江	826778.9	2	山东	445268.9	8
江苏	642105.0	3	湖北	417911.3	9

续表

地区	支出（万元）	排名	地区	支出（万元）	排名
北京	633956.7	4	湖南	383058.7	10
四川	567074.6	5	山西	376611.3	11
陕西	524437.3	6	河南	368694.9	12

资料来源：《中国文化文物统计年鉴（2017）》。

表 2-16 2016 年部分省份科技预算支出

地区	支出（亿元）	排名	地区	支出（亿元）	排名
广东	742.97	1	安徽	259.50	6
江苏	381.02	2	湖北	190.11	7
上海	341.71	3	天津	125.18	8
北京	285.78	4	四川	101.09	9
浙江	269.04	5	河南	96.10	10

资料来源：《中国统计年鉴（2017）》。

表 2-17 2016 年部分省份文化、体育与传媒预算支出

地区	支出（亿元）	排名	地区	支出（亿元）	排名
广东	229.71	1	湖南	140.68	6
北京	198.35	2	山东	137.47	7
江苏	193.28	3	陕西	125.85	8
浙江	158.72	4	上海	113.34	9
四川	145.20	5	河南	97.33	10

资料来源：《中国统计年鉴（2017）》。

（二）河南文化产业发展优势

从文化产业综合竞争力分析来看，河南文化产业优势主要体现在资源优势，尤其是文化资源优势上，文化产业的发展有着较大的潜力和空间。

河南拥有着丰富的文化资源。在第一章中，笔者已经介绍了河南的历史名城、名人、宗教、古建筑等历史文化资源。在 29 个省份中，河南在世界文化和自然遗产、人均文物藏品以及艺术表演等方面均有较好的表现（见表 2 - 18 和表 2 - 19），在资源因子和艺术表演因子综合得分中排名均为第 4 位。可以说，文化资源是河南文化产业综合竞争力提升的基础和潜力所在。

表 2 - 18　2016 年部分省份人均文物藏品数量与博物馆数量

地区	人均文物藏品		地区	博物馆	
	数量（件/套）	排名		数量（个）	排名
四川	4199935	1	山东	393	1
山东	3301398	2	江苏	317	2
上海	2253481	3	浙江	275	3
陕西	2409927	4	陕西	274	4
江苏	1767257	5	河南	270	5
湖北	1570685	6	四川	239	6
河南	935827	13	江西	238	7

资料来源：《中国统计年鉴（2017）》和《中国文化文物统计年鉴（2017）》。

表 2 - 19　2016 年部分省份文化文物机构总收入和艺术演出收入

地区	文化文物机构总收入		地区	艺术表演团体演出收入	
	金额（万元）	排名		金额（万元）	排名
江苏	1645161.5	1	上海	12613	1
浙江	1294892.2	2	河南	10740	2
广东	1248620.6	3	江苏	9984	3
上海	896745.2	4	浙江	8209	4
四川	874261.9	5	广东	8132	5

续表

地区	文化文物机构总收入		地区	艺术表演团体演出收入	
	金额（万元）	排名		金额（万元）	排名
北京	821961.7	6	山西	7655	6
河南	532519.0	12	北京	7553	7

资料来源：《中国统计年鉴（2017）》和《中国文化文物统计年鉴（2017）》。

（三）河南文化产业竞争力提升的对策

河南省文化产业综合竞争力因子分析显示的结果与目前河南文化产业发展、经济整体实力所处的地位基本一致，说明因子分析的结果能够比较真实地反映河南文化产业竞争力的现状及存在的问题。在 4 个主因子中，FAC_1 河南排在第 26 位，FAC_2 河南排在第 29 位，FAC_3 河南排在第 4 位，FAC_4 河南排在第 4 位。从中可以看出经济发展水平与文化需求、产业基础与政府行为是制约河南文化产业竞争力提升的关键因素，而文化资源、艺术表演等方面则是河南文化产业发展的优势。

基于对河南文化产业的发展状况和文化产业竞争力的评价，为更好地发挥自身文化资源优势，变文化大省为文化强省，进一步提升文化产业的竞争力，河南应采取以下措施，以打造文化强省。

首先，要深入挖掘文化资源的内涵，加强文化资源的整合。文化资源是河南文化产业发展的核心要素，是河南文化产业发展的关键。当然，借助丰富而独特的文化资源，河南文化产业已经取得了一定程度的发展，也出现了诸如清明上河园、嵩山少林、根亲文化等一系列"叫好又叫座"的文化品牌，将中原文化不断发扬光大。但与此同时，针对大量文化资源内涵的挖掘仍存在着同质化、简单化、各自为政等问题，不少极具地方文化特色的文化产品还缺乏系统的挖掘、整合、开发和营销，部分文化资源还未得到良好的保护和利用。对此，应科学地、深入地挖掘文化资源的内涵，树立河南独有的文化品牌和文化形象，结合文化产业未来的发展趋势和文化产品的需求情况，开发出独特的有吸引力的文化产品。

其次，发挥文化资源优势，促进文化旅游业的发展，培育知名文化品牌，促进河南文化产品尽快"走出去"。河南拥有着丰富的文化资源，以文物、古迹等为特色的文化资源多以观光旅游的形式吸引游客，而如汴绣、年画等文化产品以及大量非物质文化资源的旅游开发还不够。其中，大多文化资源缺乏系统的整合和营销，很大程度上制约了河南文化旅游资源的高品质开发和文化品牌影响力的扩大。2016年河南国际旅游收入仅为广东省的 3.4%、北京的 12.4%、陕西省的 26.8%，可见河南文化旅游的国际影响力与其丰富的文化资源难以匹配。对此，需要在文化资源挖掘的基础上，加强文化资源与旅游资源的多层次整合，加大宣传力度，培育具有独特吸引力的知名文化品牌，树立河南良好的文化旅游形象，促进河南文化产品和文化品牌尽快地"走出去"。

再次，加快基础设施的建设，促进新兴文化产业的发展。新兴文化产业是文化产业未来发展的方向，随着信息技术、互联网的普及，数字传媒、网络出版、动漫游戏等新兴文化产业成为新的增长点。河南丰富的文化资源与之结合有助于文化资源转化和利用效率的提升，有利于河南文化品牌做大做强。然而，相较于北京、上海、广东等文化产业发达地区，河南在经济发展水平、基础设施、科技水平等方面还有不小的差距。比如河南互联网普及率、地区大专及以上学历比重数值在 29 个省份中分别排名第 26 位和第 27 位。因此，应加快文化产业基础设施建设，加大科技及相关人才的培养、引进、激励，创造良好的发展环境，为新兴文化产业的发展提供完善的配套设施。

最后，加大政府对文化产业的支持力度。总的来说，河南文化企业的实力较弱、规模较小，还未形成较强的竞争力；创新能力不高，缺乏具有较高知名度的品牌，没有形成规模较大、有较强竞争力的骨干企业、龙头企业和高素质的管理人才队伍；长期以来，在企业的经营管理方面存在手段单一、管理方式落后、竞争意识薄弱等问题。显然，政府主导型的产业发展模式是适应河南文化产业发展实际需要的现实选择。近年来，河南政府在文化产业的发展方面给予了资金、政策和市场的多方面支持，实际上已形成了文化资源产业发展的政府主导模式。当然，政府主导的模式并非对市场的否定，企业和市场竞争依然是文化资源产业的发展中的主体和动力。对此，政府应积极创新体制机制，激发文化企业的创新活力，完善相关的法规和制度，加强文化资源产业良性竞争平台的建设，加大文化产业的投入，落实各类税收等优惠政策，支持企业的发展，培育具有较强竞争力的文化企业，营造文化产业健康发展的良好环境。

第三章
河南省文化旅游业发展

文化产业和旅游业的融合涉及多层次、多行业和多地区。河南拥有丰富的文化旅游资源，近年来在文化资源的整合方面取得了一定的成就，但在产业规划、市场运营等方面涉及不多。河南文化旅游的开发应在产业融合视角下通过政府、行业中介组织、企业多主体在宏观、中观、微观多层面的协调下整合推进。

第一节 文化资源与旅游业的融合发展

一 产业融合概述

（一）产业融合的概念

产业融合的思想最早是由 Rosenberg 于 1963 年在对美国机械设备业的演化研究中提出的[①]；Fredrik 指出产业融合会带来产业边界的模糊，并认为产业融合演进会同时在企业层面和产业层面发生[②]。黄晓懿等在分析制造业与文化创意产业融合时提出：产业融合就是人才、资本、信息、知识、技术、经验等有形或无形资源的跨企业、跨产

[①] Rosenberg, N., "Technological Change in the Machine Tool Industry：1840 – 1910," *Journal of Economic History*, 23 （1963）：414 – 443.

[②] Fredrik, H., M. Christian, F. Fritz, "An Evolutionary Perspective on Convergence：Including A Model of Inter-industry Innovation," *International Journal of Technology management*, 49 （2010）：220 – 249.

业、跨区域结合，能产生更大的复合经济效应，也是未来产业发展的一种新趋势，对产业发展产生了深远影响。[①] 可以说，产业融合是伴随着科技的进步和产业的发展而出现的产业边界的模糊，产业融合可以通过产业内及产业间资源、要素的重新组合和竞争合作关系，提高资源配置的效率，消除产业发展的障碍，提升产业竞争力。

（二）产业融合的驱动力与机理

产业融合的驱动力与机理也是研究者关注的重点。Lemola[②]、Pennings 和 Purannam[③]、Chesbrough[④] 等分别从管制放松、技术创新及商业模式创新等视角考察产业融合的驱动力。周锦从企业、产业、宏观层面考察了文化产业与制造业融合的动力、内在机理和主要的融合模式[⑤]；花建则从横向服务链和纵向产业链层面考察了文化创意产业与制造业融合发展的路径[⑥]；宋怡茹等通过产业价值链的分析对产业融合的方式与效果进行比较[⑦]。

依据以往学者的分析和产业融合的特征，产业融合动力的分析主要从企业的产业升级压力、产业技术创新的驱动力、宏观管制的放松三个层面展开。首先，企业升级与发展的压力是微观视角下产业融合

① 黄晓懿、杨永忠、钟林：《循环经济理论视野下的中国制造业与文化创意产业融合模式研究》，《科技进步与对策》2016 年第 6 期，第 71～75 页。

② Lemola, T., "Convergence of National Science and Technology Policies: The Case of Finland," *Research Policy*, 31 (2002): 1481–1490.

③ Pennings, J. and P. Purannam, *Market Convergence and Firm Strategy: New Directions for Theory and Research* (ECIS Conference, the Future of Innovation Studies, Eindhoven, Netherlands, 2001).

④ Chesbrough, H., "Business Model Innovation: It's not Just about Technology Any More," *Strategy and Leadership*, 35 (2013): 12–17.

⑤ 周锦：《产业融合视角下文化产业与制造业的融合发展》，《现代经济探讨》2014 年第 11 期，第 35～38 页。

⑥ 花建：《文化创意产业与相关产业融合发展的四大路径》，《上海财经大学学报》2014 年第 8 期，第 26～35 页。

⑦ 宋怡茹、魏龙、潘安：《价值链重构与核心价值区转移研究——产业融合方式与效果的比较》，《科学学研究》2017 年第 8 期，第 1179～1187 页。

的驱动力。随着企业间竞争的加剧，成本的上升和利润空间的压缩，企业有着寻求在产业间重新组合要素、配置资源的诉求；与此同时，企业为获得长期的竞争优势，也存在升级与发展的压力，而产业融合是企业谋求发展的重要途径。其次，产业技术创新的驱动力。技术创新会改变原有的生产函数，降低企业的生产成本，带来生产方式和商业模式的颠覆，推动产业间的融合和新兴业态的出现。技术创新在产业间的传播与渗透会进一步地促进产业的融合，为产业的融合提供技术支持和更多可能。再次，宏观管制的放松也是产业融合的重要推力。产业融合过程中可能会受到监管制度的限制。此时，管制的放松会为产业融合松绑，成为宏观视角下产业融合的助力。

　　关于产业融合的内在机理，则主要从基于横向服务链扩展、基于纵向产业链延伸的视角探讨。以文化创意为例，横向服务链扩展是指将文化创意运用于制造业的设计、研发之中，提升产品的附加值。而纵向产业链延伸则是指以文化创意为核心，在文化创意产品制作、营销的基础上，通过产业链的延伸，实现从同一文化品牌或文化形象中重复获取利润的目的。通过产业价值链的分解与重构，产业融合还会带来产业价值的转移与提升以及新业态的出现。

二　文化产业与旅游业的融合

（一）文化与旅游的关系

　　文化与旅游是相互依存、相互促进的。随着文化产业和旅游业的发展，文化与旅游越来越体现出融合和一体化的趋势，近年来文化旅游业的快速发展就是两者融合的体现。文化旅游业作为资源型文化产业的一种，是文化产业的重要组成部分。而旅游产业是以旅游资源为凭借、以旅游设施为条件，向旅游者提供旅游和游览等服务的行业。旅游业的经济属性与文化属性也是相互交叉和融合的。从资源的角度看，文化是旅游资源的核心，可以说，文化已经渗透旅游业的方方面面，旅游活动离不开文化的参与。文化可以提升旅游活动的品质，提升旅游吸引力，而旅游也日益成为文化资源转化为经济资源的主要途径，为文化的传播、交流、保护、开发提供了可能。

（二）文化产业与旅游业的融合

产业融合已经成为现代产业发展的新趋势。随着信息技术的发展和人们消费水平的提高，文化产业迎来了发展的机遇，并逐渐成为经济发展的重要推动力。Boccella 等认为，创意与文化产业是区域发展的一个重要推动力。① 文化产业与制造业等其他产业的融合也逐渐引起学者的注意。杜传忠和王飞从文化产业与制造业的互动关系出发，指出我国应将生产性文化服务业作为文化产业的发展方向②；林秀琴基于产业融合与空间融合视角对文化产业的融合发展进行了分析③；李璐从产业、企业层面利用上市公司数据分析了信息资源产业与文化产业的融合度④；李建军等则对文化创意产业与城市经济发展的互动关系、内在机理及互动路径等进行了分析⑤。其中，文化产业天然地具有与旅游业共生互动、融合发展的特质。随着文化产业与旅游业的发展，两大产业的融合趋势日益明显，成为当前产业融合的研究热点。兰苑、陈艳珍结合山西文化旅游业的发展状况，分析了文化产业

① Boccella, N., I. Salemo, "Creative Economy, Cultural Industries and Local Development," *Procedia-Social and Behavioral Sciences*, 223 (2016): 291 – 296.

② 杜传忠、王飞：《生产性文化服务业：我国应重点发展的新兴文化产业》，《江淮论坛》2014 年第 3 期，第 38 ~ 45、193 页。

③ 林秀琴：《产业融合与空间融合：文化产业融合发展的思维创新》，《福建论坛》2016 年第6 期，第 165 ~ 173 页。

④ 李璐：《信息资源产业与文化产业融合的实证分析——基于中国上市公司 1997 年 ~ 2012 年数据》，《情报科学》2016 年第 3 期，第 122 ~ 126 页。

⑤ 李建军、万翠琳：《文化创意产业与城市经济发展互动机制研究》，《上海经济研究》2018 年第 1 期，第 44 ~ 52 页。

与旅游业融合发展的必然性和动力机制，并提出了两大产业的融合路径。① 花建提出在文化创意与旅游业的融合发展中，要注重打造文化旅游中魅力的智核，营造丰富的内容、多元的主体和动态发展的框架。② 翁钢民等则从产业和空间层面对旅游与文化产业的融合发展的耦合协调度进行了分析。③ 综合国内外研究状况，可以发现文化产业的融合问题已经得到广泛的重视和深入的探讨，其中，文化产业与旅游业融合发展的问题是研究的热点，不少学者已经对此展开研究。河南是文化资源大省，文化旅游业的发展拥有独特的优势，结合河南文化旅游业的发展状况与问题，分析文化产业与旅游业的融合，对两大产业的融合研究具有重要的意义，有助于文化产业与旅游业融合研究的拓展。

三 文化产业与旅游业的融合机理

（一）文化产业与旅游业融合的机理

文化产业和旅游业是两个独立的产业，又是两个交叉的产业，文化产业和旅游业的融合是两大产业的发展方向和趋势。两大产业的融合能够更好地实现旅游与文化的结合、综合以及一体化，发挥旅游与文化的相互依存、相辅相成的作用，从而最大限度地实现文化旅游资源的经济效益、社会效益和环境效益，实现资源的最优配置。

两大产业的融合是一项系统性较强、涉及面较广的工程，融合的范畴涉及文化资源与旅游资源、两大产业市场层面、两大产业管理体

---

① 兰苑、陈艳珍：《文化产业与旅游产业融合的机制与路径——以山西省文化旅游业发展为例》，《经济问题》2014 年第 9 期，第 126～129 页。

② 花建：《文化创意产业与相关产业融合发展的四大路径》，《上海财经大学学报》2014 年第 8 期，第 26～35 页。

③ 翁钢民、李凌雁：《中国旅游与文化产业融合发展的耦合协调度及空间相关分析》，《经济地理》2016 年第 1 期，第 178～185 页。

制、产业规划等方面。从融合的主体来看，作为市场主体的企业以及政府、行业中介组织等都发挥着重要且不可替代的作用。主导企业通过兼并、收购等完成微观层面的融合；政府对两大产业的产业结构、产业政策、产业主管部门管理体制等的调整和改革可以被看作宏观层面的融合。而基于产业层面的融合与基于企业微观层面和基于国家产业政策宏观层面的融合不同，是中观视角上的产业融合。这里更多地兼顾到中观和宏观视角。

文化产业与旅游业的融合机理可以被表示为一个立体结构，如图3－1所示。其中，融合层次可分为微观、中观和宏观三个层面，微观层面的融合主体主要是行业中的主导企业，中观层面的主体可以是企业，也可以是行业协会等中介组织和产业相关主管部门，宏观层面的主体则主要是政府。旅游产业和文化产业的融合涉及各个层面，如旅游、文化、文物、建筑等各个管理职能部门的协调和统一以及文化产业和旅游产业的规划问题，文化资源与旅游资源的开发问题，文化品牌与旅游的整合问题等。要解决这些问题，实现旅游业与文化产业融合的最大效益，必须从融合理念和机制、市场、资源等多个层面来考察。具体包括区域产业规划，管理体制、机制融合，区域市场营

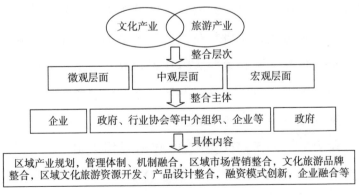

图3－1　两大产业融合层次示意

销、产品品牌、文化旅游资源整合，产品设计，融资模式创新与企业间融合等。

（二）文化产业与旅游业融合的模式

根据《文化及相关产业分类（2018）》，文化产业是以文化为核心内容，为直接满足人们的精神需要而进行的创作、制造、传播、展示等文化产品（包括货物和服务）的生产活动。具体地，可以分为新闻信息服务、内容创作生产、创意设计服务、文化传播渠道、文化投资运营和文化娱乐休闲服务，以及实现文化产品的生产活动所需的文化辅助生产和中介服务、文化装备生产和文化消费终端生产（包括制造和销售）等 9 个大类、43 个中类和 146 个小类。其中，不少文化产业与旅游业具有天然的融合趋势。

1. 动漫、影视与旅游业

动漫、影视业是指动漫、电影、电视和录像（含以磁带、光盘为载体）节目的制作、播出、放映等活动。影视旅游最早产生于 20 世纪 20～30 年代的美国，中国影视旅游产业发端于 20 世纪 80 年代。在这一过程中，影视城随着影视旅游的发展而成为一类特殊的旅游活动场所。而近年来，影视剧和旅游两个概念越来越紧密并和谐地结合在一起，成为一个时尚的旅游主题。电影《英雄》中九寨沟世外桃源般的美景、《十面埋伏》中的蜀南竹海、《少林寺》中影响深远的少林功夫、《哈利·波特》中神秘的英国古堡等都令观众神往，而上述地区也都成为新的影视旅游胜地。而根据经典动漫建成的游乐园更是成为吸引游人的景点。比如根据系列迪士尼动漫建成的迪士尼乐园每年都吸引着全世界的海量游客前往。

2. 文化遗产保护与旅游业

文化遗产包括物质文化遗产和非物质文化遗产。其中，物质文化遗产是指具有历史、文化、艺术、科学价值的文物；而非物质文化遗产是指口耳相传的传统表演艺术，社会实践、意识、节庆以及传统手工艺等活动。物质文化遗产包括古建筑遗址、古文化遗址、古墓葬、石窟寺、石刻、壁画等具有重要历史意义、教育意义或史料价值的史迹、实物、代表性建筑；历史各时代的珍贵艺术品、工艺美术品；重要的文献史料及手稿、图书资料以及反映历史上各时代、各民族社会制度、社会生产、生活的代表性实物。[①] 其中，不少物质文化遗产具有为游客提供观赏、游览、科普、教育等服务的功能，也是重要的旅游资源。而非物质文化遗产也由于其独特风情和良好的参与性成为旅游的目的。

3. 设计服务与旅游业

设计服务包括建筑设计、工业设计、专业设计。其中工业旅游就是工业设计与旅游业融合的产物。企业以产品生产中的现代化技术和先进的设计工艺为旅游产品，通过展示产品生产中的技术、设计工艺、产品等满足游客的欲望，或起到科普与教育的意义。此外，也可以将原有的设计工艺保留下来进行展示，既有利于保存重要工业遗迹，也有利于游客直接感知。此外，设计服务也越来越多地体现在旅游景区规划、景点布局等旅游产品之中。

4. 休闲娱乐与旅游业

休闲娱乐是旅游的重要组成部分，随着人们消费水平的提高和旅游活动的深入，休闲娱乐旅游已经成为旅游的主要类型。由于旅游产业与其他产业的关联及波及效应较强，不少旅游业发达的地区门票收入只占很小的比例，甚至取消门票，来达到吸引游客和旅游经济要素向旅游地集聚的目的，而其他与旅游相关的产业才是旅游收入的主要部分。相较而言，我国不少旅游景区门票收入仍是旅游收入的主要部

---

① 《中华人民共和国文物保护法》，《中华人民共和国全国人民代表大会常务委员会公报》2017 年 11 月 20 日。

分，购物、娱乐等则十分欠缺。

5. 艺术表演与旅游业

艺术表演与旅游业的融合有着悠久的传统，在旅游景区，具有当地风俗人情的戏曲、歌舞、杂技等艺术表演形式已成为重要的旅游产品。近年来，不少大型艺术表演开始在旅游景区出现，比如自 2004年《印象·刘三姐》公演以来，全国陆续出现了《印象·丽江》《印象·西湖》等"印象"系列，嵩山少林的《禅宗少林·音乐大典》，清明上河园中的《大宋·东京梦华》以及西安华清池历史舞剧《长恨歌》等诸多大型实景演出。这类艺术表演与旅游业的融合已经取得了较好的效果，每年都能接待大量的游客。自 2004 年《印象·刘三姐》上演以来，到 2013 年，共演出近 4500 场，累计接待观众超过1000 万人次，其中接待境外观众（含港澳台地区）约 200 万人次。①

6. 会展与旅游业

会展业是产业关联效益较强的新兴产业，会展业的发展会带动旅游、餐饮、休闲娱乐等行业的发展，同时也会带来所在城市影响力的提升，有助于城市对外形象的宣传。旅游业与会展业的作用有诸多重合。比如旅游业也有较强的关联效应，旅游业的发展也会带动餐饮、休闲娱乐、会展业的发展，而旅游业也是地区经济社会发展状况的一面镜子。会展与旅游业之间具有相辅相成的作用，其融合和互动有利于两大产业的共同壮大。

总的来讲，河南省是文化资源大省，拥有丰富的文化旅游资源，发展文化产业和旅游业的资源优势和产品优势突出。然而，河南文化产业和旅游业的发展与其文化资源大省的地位很不相称。因而以河南文化旅游业的开发为例来探讨文化产业与旅游业融合问题具有一定的

---

① 白水：《〈印象·刘三姐〉十年总结报告：山歌唱出大产业》，中国新闻网，http://www.news.china. com.cn/2014－04/12/content_32075630. htm。

代表性。

第二节　河南文化产业与旅游业融合的模式

文化产业与旅游业融合形成文化旅游业。河南是中华文明的重要发祥地，历史文化积淀深厚，文化旅游资源品位高，且具有较强的观赏性。近年来，旅游资源与文化资源的融合也取得了一定的成就。一方面，以古文化、黄河、少林寺、太极拳、寻根觅祖、洛阳牡丹、开封菊花为特色的古、河、拳、根、花等文化旅游资源，以及嵩山少林寺、洛阳龙门石窟、焦作云台山、开封清明上河园、白马寺、安阳殷墟等精品景区已经取得了较好的经济效益。另一方面，两大产业的多向整合也延伸了产业链，汴绣、钧瓷、仿古青铜器、黄河澄泥砚、南阳玉雕等文化产品，和以朱仙镇木版年画、剪纸、泥塑、泥泥狗为代表，具有河南特色的民间艺术品，以龙门石窟、殷墟、少林寺等为代表的文化旅游品牌的推出等，都进一步促进了文化资源的开发利用。

从时间维度上讲，河南的文化旅游可分为历史文化旅游和现代文化旅游。从融合路径来看，可以分为动漫、影视与旅游业，文化遗产保护与旅游业，休闲娱乐与旅游业，艺术演出与旅游业以及会展业与旅游业等类型。相较而言，河南文化产业的发展更倚重其丰富的历史文化资源，而河南文化旅游也存在同样的特点。因此，在这里，笔者从历史文化与旅游业、现代文化与旅游业以及历史与现代相结合的文化与旅游业的融合三个视角来分析河南文化产业与旅游业的融合模式。

一　历史文化遗产与旅游业

历史文化遗产可以分为物质文化遗产和非物质文化遗产。河南拥有：洛阳、开封、郑州、南阳等历史文化名城；白马寺、少林寺、相国寺、龙门石窟、灵泉寺石窟以及嵩山中岳庙、太清宫、王屋山阳台宫等宗教遗迹；古城邑、古长城及关隘、康百万庄园、宗教寺院、南阳府衙、嵩阳书院以及会馆、陵寝、天文台、祠堂、园林等古建筑；汴绣以及朱仙镇木版年画等传统工艺品；等等。其中不少历史文化遗产具有较强的观赏性和教育意义，适合进行观光旅游开发。在旅游过程中，游客除了可以观赏到中原的物质文化遗产外，还可以通过汴绣、钧瓷等大量文化产品来感受中原文化。汴绣等文化产品是当时社会生产和生活的代表，将文化产品融入旅游过程中不仅可以延长旅游产业链，还可以利用文化产品制作过程的介绍和宣传增加旅游过程中的层次感。而部分文化产品的制作还可以提升游客的参与性，让游客切身体会这些文化产品的制作过程，提升旅游的品质。

　　案例：八省联合打造中国功夫之旅①

　　2017年12月，河南、河北、山东、湖北、广东、江苏、福建、四川等地共同启动了河南功夫体验之旅。中国功夫文化浸润着中华大地的每寸土壤。除河南以外，河北、山东、湖北、广东、江苏、福建、四川等省功夫文化旅游资源也很丰富。结合各省特色，此次推介重点推出了包括中国功夫体验之旅、中国功夫影视之旅、中国功夫养生之旅以及中国功夫研学之旅等"中国功夫之旅"四大精品线路。推介活动中，习武、抄经、品茗、引弓、悟禅、禅行等一系列功夫文化体验活动，一禅一武、动静之间让与会嘉宾置身其中，令260余名全国旅游行业大咖纷纷为河南功夫文化的魅力点赞。

---

① 《全国8省旅游打出"组合拳"开启中国功夫之旅》，人民网，http://henan.people.com.cn/n2/2017/1217/c356896-31040949.html，2017年12月17日。

"天下功夫出少林"，河南在发展功夫旅游上具有得天独厚的资源优势。据介绍，登封目前有 20 多个少林武术功夫演艺团队，每年在国内外巡回表演 2000 余场，吸引海外观众 200 万人次，媒体观众覆盖全球近 20 亿人次。2016 年登封顺利入选中国国际特色旅游目的地创建名单，进一步擦亮了"少林功夫"这一世界级"金字招牌"。

河南功夫的另一主要流派为温县陈氏太极拳。发源于焦作温县陈家沟，是我国第一批国家级非物质文化遗产。目前，陈式太极拳在国际上也有极高的声誉和地位，全世界习练太极拳的人数高达 3 亿多人。习练太极拳已成为全球性文化现象，这不仅树立起了河南功夫文化的品牌形象，而且在发展功夫旅游上也逐渐形成了国际知名的文化品牌。

二 新兴文化产业与旅游业

会展业、动漫、影视等文化创意产业是伴随着经济与科技的发展而兴起的新兴产业。新兴文化产业与旅游业的融合发展既取决于旅游业的发展，也取决于文化产业的发展水平。近年来，河南在新兴文化产业的发展过程中取得了一定的成就。2014 年，文化创意和设计服务产业资产总计达到 140.8692 亿元。但总体而言，河南文化创意产业仍处于发展的初期阶段，发展的科技、人才等基础仍有欠缺，与文化创意产业发达的地区相比，还有较大的差距。文化产业的发展状况也影响了其与河南旅游业的融合。根据前面的分析，我们知道会展业与旅游业，动漫和影视与旅游业，工业设计、制造业与旅游业等具有融合发展的基础，对于河南而言，会展旅游、影视旅游、工业旅游是新兴文化产业与旅游业融合的典型代表。

案例：航空工业设计与旅游①

航空制造业拥有高新技术和先进的设计制造工艺，为航空工业旅游的开展带来了独特的魅力。

（1）世界著名航空城工业旅游

图卢兹是世界著名的航空城，1890 年工程师克莱蒙阿代尔发明制造出世界上第一架蒸汽动力单翼机，空客 A380 的问世更是奠定了图卢兹航空之都的地位。一进入图卢兹，游客就能够感受到浓浓的航空文化氛围，法国航空航天中心等研发机构、法国航空航天大学等高等院校、空客等航空制造企业遍布全市。据统计，仅图卢兹布拉涅克机场周围就分布着 29 个与航空相关的景点。而空客公司组织的工业旅游、航空发展博物馆参观、航空主题娱乐城等更是其中的亮点。

（2）世界最大飞机制造商工业旅游

世界上最大的飞机制造商波音公司极为重视工业旅游。位于西雅图的波音公司飞机总装基地每年大约接待 14 万人次的参观者，是西雅图的著名旅游目的地。西雅图波音飞机制造厂的工业旅游已经较为成熟，其参观流程设计成熟、合理，专业，既有考虑到参观效果而专为参观者设计的参观走廊，也将企业的价值理念传播渗入参观的各个细节之中。

（3）国内航空工业旅游

国内航空工业旅游既包括依托于航空工业园区的文化旅游，也包括依托于知名航空企业的旅游形式。比如沈飞航空博览园2001 年建成，是全国第一批航天航空类工业旅游示范点。目前，沈飞航空博览园已经成为集国防教育、航空知识、航空企业文化

---

① 胡海霞：《航空工业旅游开发的关键要素及发展模式探讨——以天津航空产业基地为例》，《空运商务》2011 年第 18 期，第 38~41 页。

推广、旅游于一体的航空工业旅游博览馆。2009年西安阎良国家航空产业基地也依托着园区内多个航空器制造企业、飞机设计研发机构开展了航空工业博览游。飞机制造企业开展工业旅游活动也是航空工业旅游的发展方向，2010年，上海飞机制造厂也开始接待参观者，允许参观者参观我国自主研发的飞机的制造和组装过程。

三 "历史＋现代"模式的文化旅游业

历史文化资源是河南旅游业发展的优势与基础，文化产业与旅游业的融合也要以此为前提。当前河南省文化旅游业还处于发展的初期阶段，文化资源的利用还有待深入，历史文化资源与旅游业的融合还需要现代科技、资金等要素的积极参与，以及人才、品牌、信息、客户、创意等"软"资源的支持。河南文化旅游业应逐渐形成文化资源开发、文化产品制作、旅游文化传播渠道、文化旅游服务平台与互联网、信息技术等多层次的历史与现代完美结合的发展模式。该模式在充分发挥河南文化资源优势的基础上，可以通过"科技＋创意"，拉长文化产业的链条，提高文化旅游业的附加值，形成以文化资源产品为中心、完整系统的文化产业链，不断开辟文化旅游业高附加值、高创意的新领域。

案例：文化产业在风中起舞——品《大宋·东京梦华》①

《大宋·东京梦华》是河南省继《禅宗少林·音乐大典》之后推出的又一个大型实景演出。演出以北宋画家张择端的《清明

---

① 王全书：《文化产业在风中起舞——品〈大宋·东京梦华〉》，《时代青年（悦读）》2009年第8期，第75页。

上河图》长卷和宋代学人孟元老的《东京梦华录》相关记载为切入点，以八阕经典宋词蕴含的意境为主线，生动地再现了宋代都城的繁华盛景和封建王朝的大国辉煌。

《大宋·东京梦华》紧紧围绕北宋文化的主题展开，把气势恢宏、光彩夺目的精彩画卷史诗般地呈现在人们眼前，极大地提升了节目的演出质量和文化品位，扩大了演出的观众基础，成为与《禅宗少林》比肩而立、河南省大型实景演出"一山一水，一东一西，一文一武，一刚一柔"的"姊妹篇"。《大宋·东京梦华》是在深度挖掘古都开封深厚历史文化资源的基础上，悉心打造的极具中国文化审美情趣和中原文化特色的实景演出，是中国继汉风唐韵之后又一值得仔细品味和欣赏的盛世画卷。它不仅让观众感受到了大宋文化和中原文化的独特魅力，还让观众在对北宋王朝兴衰变化的感悟中，唤起对历史的追忆与反思。大型水上实景演出《大宋·东京梦华》，将文化资源开发与旅游产业发展紧密结合，让"宋文化"在现代旅游产业中迎风起舞。

第三节　河南文化资源与旅游业融合发展的问题及对策

一　河南文化资源与旅游业融合发展中存在的问题

据统计，2008年河南省文化产业总产值为489亿元，仅为广东省的1/5，湖南省的1/2。以旅游业为例，河南拥有2处世界级自然文化遗产、3处5A级景区、8座国家历史文化名城及188家国家文物保护单位，文化旅游资源丰富。但2008年河南省入境旅游人数为67.91万人次，旅游创汇3.74亿美元，在与中部各省的比较中排名靠后，在全国各省份中也仅位列第19位，发展潜力还远未发挥出来。

河南文化产业的发展离不开其丰富而独特的文化资源，然而，仅仅拥有文化资源是远远不够的。与东部文化旅游业发展较快的省份相比，河南在经济发展水平和产业发展基础、企业竞争力、文化竞争力等各个方面，尤其是在文化旅游业发展的资本投入、人才引进培养、产业规模等产业发展的基础方面、经济发展水平和基础设施建设等方面还有较大的差距。总的来讲，河南文化资源产业亟须解决的问题主要有以下几点。

（一）文化资源的开发缺乏新意

文化资源的开发是一项涉及多层次、多行业的综合性工作。目前，河南省文化旅游业的开发主要集中在传统文化资源方面。但是，文化产业是高科技含量极高的创新型产业，它不仅需要资金、技术等要素，还需要品牌、信息、客户、人才、创意等"软"资源。与此同时，文化资源的开发在政府管理方面、产业的规划整合方面，文化产品的市场运营、品牌营销等方面的整合还不够，或者未涉及，从而导致河南文化资源产业的发展缺少优质的资本、国际化的人才、强大的研发能力、含金量高的品牌等的支撑，未能充分挖掘文化产业的潜力，从较高层次对文化资源、文化产品进行整合和创新。

具体而言，河南文化资源虽然丰富，但旅游产品较为单一，综合开发产品少；以文物、古迹等为特色的人文旅游资源较多，以观光为主，产品开发模式雷同，缺乏参与性、主题性和休闲性等综合功能，也在一定程度上制约了对高品质、高知名度人文资源的开发；景点、景区等旅游产品开发过于简单化，缺乏个性，缺乏历史悠久的文化所带来的厚重感。向市场提供的旅游产品档次不高，产品市场竞争力不强，造成"一流的资源""三流、四流的旅游产品"的状况，甚至毁坏了文化旅游资源；在旅游管理体制方面，文化旅游资源的开发缺乏统一的规划和统一的管理，旅游业的管理存在条块分割的问题。文化旅游资源的管理涉及城建、文物、旅游、宗教等各个部门，各个管理部门之间存在管理职能交叉、重复、空缺等体制性矛盾，各部门之间的配合不够，严重制约着旅游业的发展。

（二）文化产业链较短，文化旅游业配套设施不完善

当前，文化产业已逐渐形成包括文化资源开发、文化内容制作、文化产品生产、文化产品营销以及衍生产业发展等的完整产业链条，并逐渐成为高附加值、高创意的新兴业态。其中，内容产业处于文化产业链的上游，创意是发展的主要推动力。文化产品的制作处于文化产业链的中游，也是可以为文化产业带来增值的一个重要环节。当然相较而言，其附加值和利润低于内容产业。文化产品的营销处于文化产业链的中下游，而衍生产业则处于文化产业链的下游，附加值较高。目前，河南文化产业的整体发展还处于初级阶段，产业链条短，以文化资源产品为中心、完整系统的文化产业链还不完善，高附加值、高创意的文化产品还很少，虽然近几年文化产业的发展迅速，但离国民经济支柱产业这一目标定位还有一定的差距。

在河南文化旅游业中，门票收入是主要部分，购物、娱乐等则十分欠缺。而在世界上，由于旅游产业与其他产业的关联及波及效应较强，许多旅游产业发达的地区门票收入只占很小的比例，甚至取消门票，来达到吸引游客和旅游经济要素向旅游地集聚的目的，而其他与旅游相关的产业才是旅游收入的主要部分。旅游业是一个住、行、游、购、娱等高度协作的产业，考验着目的地旅游资源的吸引力和提供公共服务的能力。因而文化旅游资源的开发不能仅仅停留在旅游景点、旅游吸引物、管理等方面，必须考虑到旅游资源与住、行、购、娱等各个方面，以延伸文化旅游的产业链。

（三）文化企业竞争力不强

当前，河南文化企业的规模普遍较小，不少文化企业分散经营，缺乏活力，盈利模式单一，发展潜力不够，文化产品和服务的品牌优势不明显，缺乏竞争力。从技术角度看，文化产业是高新技术参与度较高的行业，尤其是新媒体、动漫等新兴文化产业，然而该类文化企业普遍科技含量不高，缺乏核心技术支持，研发投入严重不足，文化产品创新能力总体上比较弱，科技与创意的融合还需进一步加强。此外，文化产品的开发形式单一、产业链条较短等问题也制约着河南文化产业的发展。

企业是文化产品的直接供给者。河南文化旅游企业作为旅游产品的直接提供方，其服务水平、管理能力直接关系到旅游消费者消费旅游产品的效果，因而在文化旅游业发展的进程中起着重要的作用。文化旅游企业包括旅游景点、休闲娱乐场所、酒店等直接提供旅游产品的企业，以及旅游管理公司、旅游服务公司等辅助性企业和各种旅游资源开发的开发性组织等。河南文化旅游企业长期以来存在经营手段单一、管理方式落后、竞争意识薄弱，小、散、弱、差等问题。企业对市场的变化反应迟钝，坐等客源，尤其缺乏有较强竞争力的骨干企业、龙头企业和高素质的管理人才队伍，不适应旅游业发展的需要。各地比较重视基础设施和景区建设，而对旅游服务业重视不够，尤其是对旅游业、旅游服务企业管理不够，软件环境建设明显不足。

（四）文化品牌缺乏影响力

"知名度就是竞争力"。好莱坞的电影产业、日本的动漫产业、韩国影视产业等都是极具影响力的知名文化品牌。沿海地区如浙江、江苏的动漫游戏业、上海广播影视集团、广州报业集团等也已在国内形成一定的知名度和影响力。而河南虽拥有丰富的文化资源，却缺乏具有一定影响力的文化产品和文化品牌，许多文化产品在创意、包装、设计、推广等方面力度不够，经济效益难以显现。虽然宗教文化、古都文化、武术文化等都是河南文化旅游的独特之处，然而除少林寺等为数不多的知名文化品牌外，具有国际影响力或竞争力的品牌和产品却很少。关于文化品牌的问题，在后面的章节中笔者会给予更系统的介绍。

（五）文化融资体制滞后

文化产业的投资渠道除政府外，还包括企业投资、私人投资、彩票集资、基金投资等。河南省文化产业在总体上仍存在融资额度偏小、资金来源渠道不畅等问题，无法满足文化企业发展所需要的资金要求，融资渠道仍需要不断完善。一方面，文化产业投融资的相关法律法规有待进一步完善，而政府对文化产业的支持力度也有待加大。政府财政投入的不足，严重影响了公益性文化事业的发展，造成文化产业基础设施的不足。另一方面，文化企业的直接融资渠道不畅，上市融资还存在诸多的问题；而银行为文化企业提供贷款也遭遇制度性难题。目前，文化企业主要是以知识产权和品牌价值等无形资产作为资产表现形式，固定资产规模普遍较小，可供抵押的固定资产很少，缺乏担保的手段，而无形资产的评估与变现对银行来说难以把握，银行等金融机构文化项目评估能力的缺乏，使得优秀的项目和文化企业难以得到银行资金的支持。再者，风险投资对文化产业的支持力度也较小。原因主要在于：一是风险投资的特性决定了它不可能广泛地进入文化产业，它垂青的只有那些高回报、具有可持续商业模式和完整产业链的项目；二是政府对广播、电视等传媒领域的管制比较严格，存在诸多的政策限制，而国有文化企业产权不明晰等问题也成为风险投资的一个障碍。总体而言，资金不足制约着河南文化基础设施的建设和文化产业的技术改造；融资渠道不畅更使得大多数文化企业缺乏资金，制约了文化旅游业的发展。

二　河南文化产业与旅游业融合的对策

河南省文化旅游业目前主要集中在产业规划等方面，市场运营、品牌营销等方面的融合还不够。问题的根本解决必须依靠文化产业和旅游产业两大产业宏观、中观、微观多层面的协调，以及政府、行业中介组织、企业多主体的整合。参照图3－1，对河南旅游资源与文化资源的整合应从以下几个方面来展开。

（一）以政府为主导的宏观层面的融合

1. 产业规划的融合

产业规划是对产业今后发展和系统开发的整体部署，并反映产业的发展趋势。在产业方面，文化产业和旅游业是相互交叉的，文化旅游作为旅游的重要部分也起着越来越重要的作用。但到目前为止，两大产业规划的整合还做得不够。尤其是某些地区或景点的规划未能挖掘当地文化资源的内涵，导致不同地区规划雷同，缺乏特点。两大产业应加强包括文化、旅游以及经济、园林、建筑、地理、宗教、环保、交通等各个领域信息的互通有无、互为利用和相互协调，集中人力、财力、物力制定规划，并制定相应的细则保证规划的实施。

2. 机制的融合

机制这一层面既包括政府管理体制，又包括企业经营管理机制。公平、合理、高效的机制是产业发展的重要推动力。对此，一方面要转变政府职能，引导文化、旅游业的生产经营活动，突出管理的整合作用和衍生力量，为两大产业的发展提供高效服务，维护公平竞争的市场环境。深化旅游管理体制改革，建立由旅游、文物、宗教、城建、林业、水利、环保等部门相互协调与配合、分工合作的管理体制。另一方面要深化企业体制改革，推进旅游景区（点）的企业化经营、市场化运作，促进旅游文化企业建立产权清晰、权责明确、政企分开、管理科学的现代企业制度。

（二）中观层面的融合

1. 资源层面的融合

文化资源与旅游资源的整合是文化产业与旅游产业融合的基础。

河南拥有着丰富的文化资源和具有国际吸引力的文化旅游品牌，它们是文化产业与旅游产业发展的共同资源和基础。

河南在整合区域内的文化、旅游资源时，要注重主题的建立。区域内不同旅游资源对资金投入及客源的争夺会带来竞争的加剧，对此"密度依赖"理论认为，可以以地域为整合的基础，组建旅游群落，通过布局上的相对集中以及在存在联系的旅游景点建立主题的方式组成旅游综合体，整合区域内的资源，增强互相依赖，并通过规模上的扩大提高经济效益。河南开封清明上河园就是较好的例子。而地区间资源的整合则要注重差异化，避免旅游资源目标客源市场的重叠，也就是说不同地域要根据自身的旅游开发状况和资源特点，对文化旅游资源给以不同的定位，以优势互补、互为依托，满足游客不同角度、不同层面的需求，减少竞争而加强合作，这也是大旅游原则的集中体现。

2. 市场营销方面的融合

企业在市场竞争中的地位既取决于其自身的发展，也取决于企业所在的区域以及区域产业在国际市场中所处的地位。对于区域旅游业来说，区域内部联系及对外的联系都需要不断地增强。当前，网络等的应用使得传统的产品销售模式、社会消费方式发生了很大的变化，旅游消费、文化消费的过程可以通过网络实现。应开展网上旅游、查询、预订等多项服务，搭建旅游与文化目的地网络营销的平台，加强政府与行业间的协作，让企业和行业协会等中介参与其运营，以达到更好的营销效果，利用网络系统来整合区域旅游产业，增强区域旅游业在国际市场上的整体竞争实力。

3. 品牌的打造

"知名度就是竞争力"，品牌可以提升文化旅游产品的形象。挖掘当地文化资源的内涵，树立品牌意识，加大宣传力度，并采取多种措施，通过一系列的市场运作，例如产品视觉形象开发、宣传口号设计等，提升旅游产品的形象，强力打造有知名度和影响力的精品旅游景区和文化旅游品牌，并统一相关旅游产品于该品牌之下，使之成为该品牌的一个有机组成部分。如香格里拉已经成功地将该地区许多旅游产品都统一在这一国际性的品牌下。根据这一模式可以把河南旅游与文化资源中最具有核心优势的市场品牌诸如宗教文化、古都文化、祖根文化、武术文化等的竞争力辐射到其他资源，缩短地区其他资源的市场进入过程。如嵩山文化旅游经济区可以利用嵩山、少林等品牌优势，整合区内的旅游资源，一方面突出武术文化主题，做大做强集培训、演展、竞技于一体的武术产业；另一方面综合开发寺、庙、阙、观星台、嵩阳书院等嵩山文化圈，再现"深山藏古寺、碧溪锁少林"的自然意境。

4. 广开渠道，多元化筹措资金

深化体制改革，积极探索文化旅游企业的上市融资路径。继续深化国有文化、旅游企业体制改革，推进有条件的文化旅游企业上市融资，充分利用资本市场的投融资平台和结构调整功能，鼓励有条件的企业通过股份制改造、股权收购、股权置换等多种方式进入资本市场。积极推动金融创新，加强信用制度建设，建立无形资产质押模式，完善信用担保体系和资信评估体系，围绕专利权、著作权、销售合同及相应的现金流探索适合文化旅游产业的融资模式，引导银行贷款资金支持文化产业。降低市场准入门槛，放宽民间资本进入文化旅游产业的限制，吸引和鼓励民间资本以直接投资、间接投资、项目融资、兼并收购等形式进入，积极培育多元的市场主体。加大对民营中小企业的支持力度，对于原创性、创新性的文化旅游产品，应给予资金资助或政策支持。

（三）以企业为主体的微观层面的融合

企业是市场的主体，企业的经营管理现状、竞争力状况直接影响该行业的发展。为此，企业应积极搭建产业平台，实施跨行业、跨地区的联合，以龙头文化旅游企业和企业集团为主，联合其他文化旅游企业，以一业为主，辅以多种经营，跨行业整合，组建大型的产业集团，以实现资源共享、优势互补，形成较为完善和完整的旅游文化产业链，增强企业竞争力。深化国有文化旅游企业产权制度改革，加快建立现代企业制度。促进中小旅游企业向"专、精、特、新"方向发展，增强旅游企业的发展活力。

第四章
河南省新兴文化产业发展

新兴文化产业的出现是传统文化产业利用网络技术、数字技术等各种现代载体进行的整理、创作和再造。随着文化产业的发展以及信息技术、互联网的普及，文化、科技、知识的融合日益紧密，并催生出数字传媒、网络出版、动漫游戏等一系列新兴文化业态。同时，河南是文化资源大省，拥有着丰富而又独特的历史文化资源、民俗文化资源、宗教文化资源以及古建筑文化资源等，如何利用现有的数字技术和网络平台，发展新兴文化产业，促进河南文化资源转化和利用效率的提高也是必须考虑的问题。因此，可以说针对该问题的研究具有较强的理论和实践意义。

第一节　新兴文化产业

一　新兴文化产业的界定

文化业态是指文化产业生产、销售、服务的形态。传统的文化产业主要包括书报刊出版、印刷和发行业，文化艺术业，文物保护业，广播电影、电视业，文化娱乐业，体育，摄影及扩印业，园林业（包括公园、动植物园和自然保护区），广告业等九类。而新兴文化产业的界定还远未形成统一的说法，学界对其的称谓和界定也不尽相同。熊澄宇等认为新兴文化产业是文化内涵、技术与金融融合的结果。胡惠林等着重强调内容在新兴文化产业发展中的重要性。南京航空航天大学国家文化产业研究中心主任李向民则认为，新兴文化产业的界定应包括三个层面：一是新媒体和新行业的出现；二是新的数字信息技术对传统文化行业进行改造；三是文化产业化过程中，传统产业加入文化内容后产生的新盈利模式。这三个层面形成了新兴文化产业的核心内容。① 祁述裕、王建、吕庆华等则强调科技在新兴文化产业兴起与发展中的作用。祁述裕认为网络技术、通信技术和数字技术不仅带来新兴文化产业的兴起，还被广泛应用于传统文化产业，成为促进传统文化产业发展升级的重要动力；强调传统文化产业转型中科技的作用力。② 王建也指出新兴文化产业是指为向消费者提供多层次、多类型的文化内容产品，而利用各种数字技术和软硬件载体，进行数字化创作、编辑、生产制作及传递，将图像、文字、影像、语言等内容进行整合，强调科技的支撑力。③ 杨京钟、吕庆华也指出基于传统文化产业转型发展，新兴文化产业为消费者提供创新内容，和具有最新创意的文化产品与文化服务，通过各类网络技术、数字技术及软硬件载体等科技，将传统文化产业业态中的影（声、图）像、语言和文字等内容与现代科技相互融合，进行数字化技术的编辑、创新、制作，再通过互联网络技术及其媒介传递与传播，进一步强调传统文化产业中科技的推动力。④ 总之，新兴文化产业仍是以内容为王，是文化内容、科技和资本结合的产物，凭借互联网和数字技术支持而衍生出来的、与

---

① 转引自杜丽芬《新兴文化业态：核心概念及其初步分类》，《商场现代化》2010 年第 17 期，第 109～111 页。

② 祁述裕：《我国文化产业发展的几个重要特点》，《山东社会科学》2009 年第 2 期，第 9～13 页

③ 王建：《新兴文化业态的概念、分类及特征》，《中国城市经济》2011 年第 10 期，第 92～93 页。

④ 杨京钟、吕庆华：《文化强国视野的新兴文化业态培育》，《重庆社会科学》2012 年第 12 期，第 20～25 页。

文化产品和文化服务有关的文化业态。与传统文化产业相比，新兴文化产业更加强调网络信息技术和数字化技术与文化内容的融合，注重科技在文化产业中的作用；与传统文化产业相比，新兴文化产业的内涵和外延需要随着产业实践的不断丰富而逐步展开并不断建立和完善。

二 新兴文化产业的分类

新兴文化产业的分类有不同的标准，有的将其分为综合类、视听类、文本类和功能类四大门类，并涵盖 20 个细分领域。这里，笔者依据国家统计局 2018 年发布的《文化及相关产业分类（2018）》以及新兴文化产业的特征，将新兴文化产业划分为：创意设计服务类、内容创作与信息服务类、文化娱乐休闲服务类、传统文化产业演变类四种（详见图 4 - 1）。

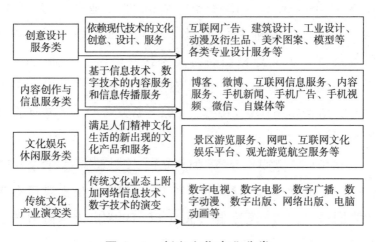

图 4 - 1 新兴文化产业分类

三 新兴文化产业的盈利模式

（一）新兴文化产业的盈利模式

新兴文化产业中包括有众多文化业态，其盈利模式也与传统的文化产业有所区别，这里我们将部分新兴文化业态的盈利模式进行介绍，具体见表 4 – 1。

表 4 – 1　部分新兴文化业态及其盈利模式介绍

业态	业态细分	盈利模式
网络综合资讯业	互联网门户网站	内容、广告、增值服务、电子游戏、电子商务等
	移动互联网门户网站	交叉补贴、内容付费、前向/后向收费、平台分成、广告模式等
影视业	网络视频	广告、版权发行分销收入
	手机视频	流量费、服务费、广告
	IPTV	PPV 模式和节目打包模式
	移动电视	广告增值等
音乐业	在线音乐	单曲下载付费
	无线音乐	彩铃等移动音乐增值服务、直销模式、终端设备预置、电子航拍广告分成等
文学业	网络文学	付费阅读、广告、电子商务链接、线下出版、游戏脚本开发等
	网络杂志	广告、发行收入等
	博客	广告收入、用户数据库、对企业用户收费、运营商分成、增值服务等
期刊业	手机报	对彩信用户收取包月费、对 WAP 网站浏览用户采用按时间计费、吸引用户获取广告收入
	数字期刊	平面媒体在其网站上直接销售、在线销售、建立在线数据库和在线信息搜索等增值服务
游戏业	网络游戏	点卡和月卡销售、增值服务（免费游戏 + 虚拟物品买卖）、会员费用、网络广告等
	手机游戏	付费下载、终端设备预置、广告植入
教育业	远程教育	资源盈利、代理招生和销售、直接向用户收费

（二）新型盈利模式的出现与应对

互联网世界从不缺少盈利的办法，这些盈利的办法很可能会演变出新的盈利模式。① 可以说，互联网与数字技术的发展，使得新兴文化产业占据着越来越大的市场份额，挤压着传统文化产业的生存空间和盈利空间。以文化传媒为例，近年来传统媒体收入下滑明显，而移动内容及增值服务、网络广告以及网游收入等继续保持着较高的增长速度和收入总额。2014 年，网络广告收入首次超过电视广告收入，成为广告商最为青睐的广告投放方式。与此同时，新的盈利模式不断出现。以文化传媒为例，除了内容产品付费和广告收入外，平台利润分成、增值服务以及通过衍生品开发获取收入等逐渐成为传媒产业新的盈利模式。比如门户网站的盈利模式就包括内容销售、广告收入、增值服务、电子商务等模式；而微信的基本服务甚至是免费提供的，盈利主要依靠广告收入、增值服务、平台利润分成以及游戏收入等来获取。可以说，当前文化传媒产业是通过一个系统，而不是单一方式盈利的。②

针对此种状况，文化企业需要做好的是整合自身拥有的资源，打造出具有独特性的文化内容，提高消费者的文化产品消费忠诚度，引领消费者的文化消费趋势，保持其持续盈利的能力。同时注重经营多元化和数字化转型，构建出清晰的盈利模式。

四　新兴文化产业的特征

新兴文化产业是在传统文化产业的基础上发展起来的，而创意、互联网、高科技是新兴文化业态区别于传统文化业态的关键点，基于此，笔者将新兴文化产业的特点归结为以下几点。

首先，强调内容与创意。内容与创意是新兴文化业态发展的支柱

---

① 罗永雄：《新媒体盈利模式和盈利能力之辩》，《当代传播》2016 年第 2 期，第 59～62 页。

② 匡文波、张蕊：《传统媒体转型中的盈利模式》，《青年记者》2014 年第 24 期，第 22～23 页。

之一。与传统文化业态相比，新兴文化业态可以更好地满足现代社会消费者消费个性化转型的新要求，也可以基于消费者更为深刻的消费体验，更好地诠释文化产品和文化内容。例如互联网电视的出现拓展了人们依据自己偏好选择节目的空间。

其次，强调高科技手段的应用。技术的发展为文化产业创造出无限的可能性，为文化内容和文化产品的开发提供了新的契机。目前，数字技术已经逐渐渗透从文化资源的内容开发至文化产品的市场推广与普及消费的整个文化产业链条中。在出版发行、文化传媒、影视制作、动漫游戏、广告会展以及文化旅游等领域新媒体技术的应用已经逐渐改变了文化产品的设计、制作、传播方式以及营销手段。以动漫游戏为例，网络与数字技术已经改变了动漫游戏从设计、制作到发行，从形式到内容等各个环节的运作，而利用现有技术制作出的动漫、游戏在人物、场景、特效等方面也给了人们更为震撼的视觉体验。而在传播、发行方面，数字传输技术更是提高了传播速度，节约了传播和发行的成本。

最后，强调文化产业与其他产业的融合。文化产业通过在产业边界上与其他产业相融合，形成新的文化生产行业来扩大整个产业的规模。[①] 从业态的视角来看，新媒体技术与文化内容的融合衍生出了新媒体等新兴文化业态。其中，依赖于网络技术与新媒体技术的创意设计服务类新兴文化产业包括数字动漫、网络游戏等；基于数字技术搭建平台的内容创作与信息服务类主要有社交、门户、新闻、电子商务、互动社区等网站以及手机新闻、手机视频等；通过数字化技术与传统文化产业的相互融合而产生的传统文化业态演变类，包括数字电视、数字电影、数字出版等；文化娱乐休闲服务类则主要包括利用新

---

① 荣跃明：《文化产业：形态演变、产业基础和时代特征》，《社会科学》2005 年第 9 期，第 176～186 页。

技术打造的文化旅游服务、实景演出等。

第二节　河南新兴文化产业发展状况

一　河南新兴文化业态的状况

（一）河南文化产业快速发展

河南新兴文化业态得到了越来越多的关注，也取得了一定的发展
（见图4-2），但总体而言，仍处于发展的初级阶段，其发展的科技、
人才、基础设施、政策扶持等条件还需要进一步提高和优化。

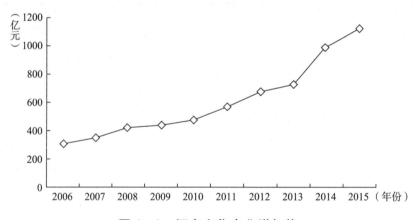

图4-2　河南文化产业增加值

资料来源：《河南统计年鉴》。

表4-2介绍了2014年河南文化产品生产的总体情况，文化产品生
产的企业达到1277个，从业人员为219533人，资产在1341亿元以上。

表4-2　2014年河南文化产品生产状况

行业	单位数（个）	期末从业人员数（人）	资产总计（万元）
新闻出版发行服务	178	25278	2557373
广播电视电影服务	45	3305	157592

行业	单位数（个）	期末从业人员数（人）	资产总计（万元）
文化艺术服务	53	9218	217630
文化信息传输服务	50	10034	905056
文化创意和设计服务	261	28558	1408692
文化休闲娱乐服务	214	32545	3130190
工艺美术品生产	476	110595	5041891
合计	1277	219533	13418424

资料来源：《河南统计年鉴（2015）》。

（二）财政投入逐年增加

近年来，河南省逐步加大了文化投入的力度。2014 年河南文化体育与传媒方面的财政支出占河南省财政支出的 1.5%，达到 91.16亿元。[①] 2014 年出台的《河南省新型文化业态发展专项资金管理使用办法》也指出，河南省新兴文化业态发展专项资金主要支持动漫游戏及软件设计、数字内容服务、文化创意、新型文化休闲娱乐、新型演艺及中央和河南省政府确定支持的其他新兴文化业态。2014 年河南省新兴文化业态发展专项资金对表 4 - 3 中所列的 26 个项目进行了资金扶持。

表 4 - 3 2014 年河南省获得新兴文化业态发展专项资金支持的企业

序号	作品	创作企业
1	原创三维动画片《桃花夫人》	河南华豫兄弟动画影视有限公司
2	《虫虫计划之重返地球》	郑州索易动画有限公司
3	系列动漫产品出口项目	河南约克信息技术股份有限公司

---

① 《河南统计年鉴（2015）》。

续表

序号	作品	创作企业
4	360 度全息动漫	河南名阁影视动漫文化有限公司
5	二兔儿童动漫教育项目	河南麦草动漫科技有限公司
6	动画片《乡土童年——红旗渠》	河南省漫画时代传媒有限公司
7	二维动画连续剧《牡丹仙子之河图洛书》	洛阳世为动漫发展有限公司
8	《酷酷猫的智慧城堡》第二部	郑州壹卡通动漫科技有限公司
9	动画电视系列片《泡泡镇传奇》	河南省文化艺术音像出版有限责任公司
10	动画片《警醒》	河南小樱桃动漫集团有限公司
11	《动漫洛阳》系列图书及动画片	洛阳大头兵文化传播有限公司
12	动画系列片《龙归》	郑州华冠动漫创意有限公司
13	三维动画系列片《七彩世界》	河南天乐动画影视发展有限公司
14	大型原创动画连续剧《黄帝史诗》	河南多元文化传媒有限公司
15	《哈普一家》	河南红羽文化传播有限公司
16	《吉象三宝》	河南君兰影视动画有限公司
17	传奇故事数字（移动）阅读客户端	河南传奇故事文化传媒有限责任公司
18	索易欢乐城堡（一期）	河南索易城堡企业管理有限公司
19	中国濮阳国际杂技文化产业园——大型杂技综艺秀《水秀》	河南省杂技集团有限公司
20	文物碎片数字化拼接软件系统	河南省中视新科文化产业有限公司
21	大型室内精品演艺剧目《千回大宋》	开封一城宋韵文化发展有限公司
22	裸眼 3D 自动转换软件开发和裸眼 3D 视频自动转换系统	河南三阳光电有限公司
23	数字电视收音机"戏曲宝"项目	河南中广传播有限公司
24	中原文化创意中心	河南智睿动漫设计有限公司
25	微信中原手机动漫综合应用	郑州谷晶创艺动漫有限公司
26	MPR 多媒体复合数字出版与绘本网上全媒体开发读物项目	海燕出版社有限公司

资料来源：河南省政府网站。

　　近年来，河南对新兴文化业态发展及文化资源转化的支持力度不断提高，但与发达国家和地区相比，无论是资金的支持力度还是政策的扶持还存在着一定的差距。以韩国为例，除了综合性的《文化产业振兴基本法》之外，游戏、电影、视频、唱片等文化行业都有相应的法律规范，为了给文化产业创造更好的发展环境，韩国还修订了一系列的税收细则，提供优惠条件。与此同时，韩国还积极扩大政策的规制领域，为文化产业发展创造适宜的政策环境。此外，鼓励文化产业领域的风险投资以及产学合作等也是韩国文化产业的重要发展策略。因此，河南新兴文化业态及文化产业的发展方面还有很多细致的工作需要着手和完善。

（三）新兴文化业态发展与文化资源转化的政策支持

　　2011年10月，国务院颁发《关于支持河南省加快建设中原经济区的指导意见》，明确提出中原是中华民族和华夏文明的重要发源地，并将打造华夏历史文明传承创新区作为中原经济区五大战略定位之一，为河南进一步发展、弘扬中原文化提供了很好的契机，也为河南利用丰富的中原文化，变文化资源优势为经济优势提出挑战。2014年河南省出台多项政策通知，以促进河南新兴文化业态的发展。其中，《河南省人民政府办公厅关于进一步促进服务业发展若干政策的通知》指出，国家重点鼓励的文化产品出口实行增值税零税率；对国家重点鼓励的文化服务出口（除播映）实行营业税免税；对动漫软件出口免征增值税；企业出口动漫产品享受国家统一规定的出口退（免）税政策；减少对文化出口的行政审批事项，简化手续，缩短时限等。而《河南省人民政府关于加快旅游产业转型升级的意见》提出，河南将大力培育旅游娱乐业，支持《禅宗少林·音乐大典》《大宋·东京梦华》《水秀》等文化旅游演艺节目提升水平，推动重点旅游城市、旅游小镇和旅游景区建设演艺场、酒吧、茶吧等休闲娱乐场所。

二 影响新兴文化业态发展的因素

河南拥有着丰富的传统文化资源，如何更好地对其进行不断地开发和利用一直以来都是河南文化产业发展的核心问题。高科技、互联网等在文化产品开发领域的广泛应用及其展现的巨大发展潜力，使得传统文化资源的开发与新兴文化业态的发展糅合在一起。河南新兴文化业态的发展势必需要挖掘河南文化资源丰富的地域优势与文化特色。与此同时，河南新兴文化业态的发展还要与河南科技水平、投资环境、政策措施等密切相关，这里，笔者综合多种因素，并结合上面的分析，将影响河南传统文化资源开发及新兴文化业态的关键因素归结为科技发展因素、文化资源因素、基础环境因素和制度环境因素四类。

（一）实证分析与数据来源

由于影响河南传统文化资源转化与新兴文化业态发展的因素很多，但考虑到很多影响因素难以量化，在不影响分析的情况下，本章仅选取河南省 2006～2013 年文化产业增加值来衡量河南传统文化资源转化与新兴文化业态发展的水平，文化产业增加值的计量单位为亿元，用 Y 表示。同时选取研发支出比重、每万人拥有专利数、每万人科技人员数和每万人专利申请量来表示地区的科技创意能力，分别用 X_1、X_2、X_3、X_4 表示；选取文化产业就业人员比重、每万人文化机构数来反映文化创意产业配套设施对其的影响程度，分别用 X_5、X_6 表示；选择人均公园绿地面积、人均道路面积两个指标来考察地区的便利程度，分别用 X_7、X_8 表示；以进出口贸易占 GDP 比重这一指标衡量地区的开放能力，用 X_9 表示。

我们将 2006～2013 年河南的文化产业增加值与影响因素的统计

数据列入表4－4。

表4－4 河南新兴文化产业发展及其影响因素

年份	Y	X_1	X_2	X_3	X_4	X_5	X_6	X_7	X_8	X_9
2006	299.27	0.8	0.53	18.04	1.17	0.143	1.44	8.5	10.61	6.3
2007	348.65	1.3	0.71	19.47	1.51	0.142	1.36	8.9	10.53	6.5
2008	420.23	1.3	0.92	15.22	1.92	0.142	1.34	8.2	5.34	6.7
2009	428.00	1.2	1.15	14.51	1.97	0.142	1.48	8.7	6.91	4.7
2010	476.02	1.3	1.58	25.11	2.41	0.143	1.45	8.7	6.32	5.2
2011	566.27	1.3	1.84	27.92	3.25	0.145	1.35	8.9	6.52	7.7
2012	670.00	1.4	2.55	29.02	4.12	0.156	1.31	9.2	6.02	11.0
2013	724.20	1.4	2.78	31.15	5.27	0.176	1.33	9.6	6.55	11.4

注：表中各指标的单位从左至右依次为亿元、％、件、人、件、％、人、m^3、m^3 和％。
资料来源：2007～2014年《河南统计年鉴》。

（二）河南创意产业发展的影响因素分析

这里，我们用相关性分析来考察影响河南传统文化资源转化与新兴文化业态发展的因素。利用表4－4中的相关数据，考察 X_1，X_2，…，X_9 与 Y 的相关性，根据 X 与 Y 的相关性大小，我们得到每万人拥有专利数、每万人科技人员数和每万人专利申请量，即 X_2、X_3、X_4 与河南文化产业增加值的相关性分别为0.992、0.851、0.986，相关性在0.01的水平上显著；研发支出比重、文化产业就业人员比重、人均公园绿地面积、进出口贸易占GDP比重，即 X_1、X_5、X_7、X_9 与 Y 的相关性分别为0.708、0.824、0.798、0.833，相关性在0.05的水平上显著，且P值均小于0.05，表明该分析具有统计学意义。X_6、X_8 与 Y 之间的相关性不显著（见表4－5）。

表 4 – 5　河南文化产业增加值与其影响因素之间的相关性

结果	X_1 与 Y	X_2 与 Y	X_3 与 Y	X_4 与 Y	X_5 与 Y	X_6 与 Y	X_7 与 Y	X_8 与 Y	X_9 与 Y
0.01 的水平上显著（双尾）		0.992	0.851	0.986					
0.05 的水平上显著（双尾）	0.708				0.824		0.798		0.833
不显著						不显著		不显著	

通过比较，我们可以看出无论是地区的科技创意能力、文化创意产业配套设施、地区的便利程度还是开放能力，均对河南传统文化资源转化与新兴文化业态发展有较大的影响，其中科技创意能力的影响会更大些。而在科技创意能力的一组数据中，每万人拥有专利数与每万人专利申请量两项指标与 Y 的相关性更强，表明科技实力与其发展潜力是影响河南传统文化资源转化与新兴文化业态发展的重中之重。

具体地，我们可以得到以下结论。

（1）地区科技实力与发展潜力对河南传统文化资源转化与新兴文化业态发展具有较大的正向推动作用，两者具有显著的相关性。地区科技的发展离不开资金的支持。近年来，河南传统文化资源转化与新兴文化产业有了较快的发展，政府用于研发的资金占财政支出的比重也从 2006 年的 0.8% 一直增加至 2012 年、2013 年的 1.4% 左右，可以说河南传统文化资源转化和新兴文化业态发展与政府对研究开发的支持是分不开的。然而，总体而言，河南用于研发的资金与文化产业发达地区的研发投入相比仍相距甚远，远达不到为河南传统文化资源转化与新兴文化业态的快速发展提供科技基础的目标。与此同时，文化企业的研发投入明显不足。当然这与多种因素相关，一方面，河南的文化企业以中小企业为主，缺乏有实力的企业，企业自身的研发投入难以保障,而文化企业自身也缺乏提升研发投入的动力。另一方面,文化企业的融资渠道单一、融资难等问题一直以来都是制约其发展的瓶颈,资金的缺乏是文化创意企业,尤其是中小文化创意企业经常要面对的问题,而这也进一步阻碍了文化企业对研发的投入。

(2)人才支持也对河南传统文化资源转化与新兴文化业态发展起着重要的作用。无论是对于河南传统文化资源转化,还是对于新兴文化业态发展,人才的重要性都是不言而喻的。创意产业的投资表现为货币资本与其他智力、技术、信息等资本的融合,其中创意、知识、品牌、管理等在文化创意产品价值实现中发挥着重要的作用。也可以说新兴文化业态发展的竞争不再是单纯的物质资本竞争,在当今社会更是无形资产等综合实力的竞争,尤其是人才的竞争。当然,河南传统文化资源转化与新兴文化业态发展要求人才具有综合性的知识与技能。在这里每万人科技人员数、文化产业从业人员比重等指标与河南新兴文化业态发展之间具有一定的相关性。

(3)地区经济发展和开放程度。目前我国各省份都在大力发展文化创意产业,积极推进地区经济结构的调整。但由于各地经济发展水平、历史文化资源存量等因素存有差异,各地的产业发展表现出较大的不平衡。总体来说,珠三角、长三角、京津冀地区由于经济发展程度和对外开放水平较高,文化创意产业的发展已经开始进入高效快速发展阶段,而中西部地区虽然文化资源丰富,新兴文化产业的发展则相对比较缓慢。就河南而言,文化资源丰富,但相关基础设施和人才缺乏,在一定程度上制约了传统文化资源转化与新兴文化业态发展。正是基于这一现状,河南的地区开放程度对传统文化资源转化与新兴文化业态发展有较大的影响。地区的开发程度越高,借助外来的人才与资本,传统文化资源的创意性开发也就越好,传统文化资源转化与新兴文化业态也能得到更好的发展。

第三节 河南文化资源转化与新兴
文化产业发展对策

一 河南文化资源与新兴文化业态联姻

新兴文化产业的发展离不开优秀的文化内容，当然也离不开技术的支持与包装。河南需要文化资源与新兴文化业态的联姻，来将传统的文化资源打造成更具竞争力的文化产品。更为重要的是，新兴文化业态发展的落后会制约河南文化产业的发展，不利于打造完整的产业链。如河南动漫、游戏、设计等发展的滞后，势必影响河南众多文化资源的再开发，不利于打造完整产业链，难以实现文化创意价值的最大化。如前文所述，河南拥有丰富的历史名城、名人、宗教、民俗、古建筑等文化资源，这些资源中有不少是河南所独有的，带着浓厚地域性的文化符号。在河南目前现有的文化产品中，既有享誉世界的知名品牌，也有尚未得到合理有效开发的文化资源，而新兴文化业态的发展毫无疑问地为这些资源的开发提供了更为广阔的前景。当然，新兴文化业态与河南文化资源的联姻，也会为新兴文化产业的发展增添新的内容，成为其发展中不可或缺的类型。

数字科技、网络技术的应用在加快文化产业发展速度的同时也催生了新的业态。新兴文化业态发展的关键在于创意、技术、网络等在文化产业的应用，对河南这样拥有着丰富传统文化资源的地区来讲，新兴文化业态的发展应将重点放在运用网络技术、数字技术和产生更好的创意方面，以期能够创造出独特的、符合消费者消费习惯的文化产品，更好地传播、发展其颇具地域特色的传统文化。如图 4-3 所示，历史名人、名城、文化思想、民俗文化、姓氏文化以及古建筑文化等均可作为创作、创新的素材与资源，通过创意、数字技术以及互联网等的加工及传播，以音乐、演艺、影视、电子书籍、动漫、游戏等形式体现出来。

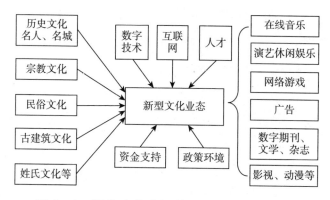

图4-3　河南文化资源转化与新兴文化业态

具体而言，以实景演艺业为例。嵩山少林寺的《禅宗少林·音乐大典》，是全球首创将禅宗文化与少林武功有机融合的山地实景演出，创造出了一种新的文化产业模式，也较好地实现了宗教文化、武术文化资源的转化，类似的还有开封清明上河园的实景演出等。而台北故宫博物院的经验也可供借鉴。2008年周功鑫任院长以来，推动"博物馆的产业化、现代化、年轻化"，并创立台北故宫文化创意产业育成中心，通过开设创意课程、引导设计师利用馆藏文物设计文化产品以及利用现代技术展示、宣传文物作品，有效地吸引了不同年龄、不同层次的游客。四年时间，台北故宫博物院仅创意产品的营业额就从2008年的3.6亿元增至2010年的9亿元，增长150%。而相关衍生产品的开发也取得了不小的进展，衍生品的数量多达4000多种，在为故宫带来经济效益的同时，还扩大了台北故宫的影响力、传播力和辐射力，也使越来越多的人爱上博物馆、爱上中华传统文化。河南现存大量的宗教遗迹、古建筑遗迹以及非物质文化遗产，若能够利用现代的虚拟现实技术，使某些无形的文化有形化、场景化，为消费者提供虚拟演示的场所，将能使文化资源更好地转化为文化产品，在促进新兴文化业态发展的同时也更有利于对这些文化资源的保留和保护。

此外，河南新兴文化业态的发展还需要注重相关衍生产品的开发和产业链的延伸，比如知名的网络小说可以拍摄成电视剧、电影，进一步地可以开发出动漫和网游等一系列产品。显而易见，这方面也是河南文化资源转化与新兴文化业态发展中的短板，河南并不缺少优秀的文化产品，但全产业链的开发还远远不够。如原创舞剧《风中少林》上演以来，好评如潮，屡获殊荣，几年来连续在几十个国家、地区和城市巡回演出，创造了很好的社会效益，但是产业链短，后续开发并未跟上。比如将舞剧开发为相关的动漫和游戏软件，拉长产业链条，将创意价值发挥到最大。

二　河南传统文化资源开发和新兴文化产业发展的对策分析

如前所述，河南拥有丰富的文化资源，但在新兴文化业态的发展、经济发展水平、创新人才的积累、相关产业的发展、政府服务和基础设施水平等方面还存在诸多的不足。依据得天独厚的文化资源优势和强劲的文化需求，以及省内经济社会发展之现状，当前河南应注重文化资源的创意开发和新兴文化业态的扶持与培育，具体如下。

（一）有重点地发展优势突出的产业，重视科技在优势产业中的应用，构建完整的文化产业链

河南在文化资源转化与新兴文化业态发展中很难做到面面俱到，必须强调重点。例如，韩国就将自己的发展重点放在影视与网络游戏方面。《河南省文化产业发展战略重点方案》（2013 年）将数字传媒、创意设计、动漫游戏、文化旅游、工艺美术五大产业作为重点文化产业，并希望能够依靠五大产业的发展带动河南全省文化产业提速，推动文化产业跨越式发展。可以说无论是传媒、设计、动漫还是文化旅游、工艺美术等都是传统的文化业态，在近些年也都取得了一定的发展，然而，在与其他地区的竞争中，尤其是与发达地区的竞争中大多并不占有太大的优势。在所有的问题中，科技的应用与产业链的构建最为关键。以数字传媒为例，传统影视、新闻出版需积极利用高新技术进行改造，加大前沿应用技术研发和推广力度，着力构建符合数字传媒发展规律的研发、创作、生产和传播体系，大力发展网络广播影视、手机广播电视、移动多媒体广播电视，开发移动文化信息服务、数字娱乐产品等增值服务和产品，积极发展纸质有声读物、电子书、手机报和网络出版物等新兴出版业态。此外，完整的产业链构建也需加强。以文化旅游为例，文化旅游产品创意设计、营销、旅游体验、实景演出及展览、影视剧、动漫游戏、相关衍生品开发等一整条产业链的构建，可以使河南的文化资源得到最有效的利用。目前，河南的产业链构建还存在不少的问题。正如前文提到的舞剧《风中少林》，自上演以来创造了很好的社会效益，但是产业链短，动漫和游戏软件开发没有跟上，其创意价值远没能达到最大化。

（二）加快文化产业的融合

除河南历史文化、民俗文化与数字技术、互联网技术的融合以及传统文化业态与新兴文化业态的融合发展外，产业的融合也是目前新兴文化业态发展的趋势。文化企业是市场的主体，竞争力强、影响力大的文化企业是地区文化产业发展的基础，而行业内、行业间甚至地区间的合并重组无疑是企业在短时间内发展壮大的有效路径。

首先从行业内部融合来讲，如新兴文化业态如数字传媒、网络传播等应逐步打破省市条块分割，进行强强联合。这不仅能实现优势互补，资源共享，降低成本，还能有效地提升文化企业的市场竞争力。其次是跨行业融合，新兴文化业态诸如数字传媒、创意设计、动漫游戏、文化旅游、影视、音像、艺术业等多个行业，相互之间的渗透、交叉、融合已经逐步成为发展的趋势。如旅游业与文化餐饮业、休闲娱乐业、体育竞技、演艺产业、文化会展业等，创意设计与广告、网络文化、动漫游戏、印刷出版等的融合。文化创意产业的这一特点既可以使企业规避行业内风险，有利于企业实施组合投资策略，又能寻得更大的发展空间，获得更大的利益。如报业集团经营的趋势是整个传媒行业，国内许多报业集团都在扩展信息网站建设、互联网附属业务等与信息服务相关的业务领域，此外，还可涉足图书、刊物等的出版、印刷。最后是跨地区、跨国的产业融合。也就是与其他省市或国外的文化产业相关企业进行合并重组，在顺应文化产业国际化趋势的同时，获得自身的开发、自身的发展。

（三）建立以郑州为中心的产业集群

新兴文化产业集群是在遵循文化的"超时空"特性和文化创意产业发展的内在地理维度统一的基础上，通过整合使文化创意产业上下游产业链在一定区域内高度集聚的产物。并在产业集聚的进程中，充分发挥由此带来的集聚效应、共生效应、协同效应、区位效应、结构效应等有利于文化创意产业与新兴文化业态发展的因素。实现文化创意产业集群的路径主要有三个。一是建立和完善文化产业园区。文化产业园区是各地政府推动文化创意产业发展和产业集聚的主要方式。二是通过公共文化服务体系的建设和文化创意活动的开展，立足本地文化资源，形成文化创意产品生产和文化消费的高地，提升居民的文化素质，形成以特色文化为内核的区域性的文化集散地。三是建立文化产权交易市场，以产权的形式实现企业间的有效整合和资源配置。

目前，文化产业园区的建设是河南推进文化创意产业集群发展的主要途径。2009 年国务院通过《文化产业振兴规划》，并将加快文化产业园区和基地建设、培养文化骨干企业等列入未来的重点发展方向。河南也加大了文化产业园区和产业基地的建设和支持力度，2010年 9 月，将郑州嵩山文化产业园区、开封宋都古城文化产业园区、镇平县石佛寺镇玉文化产业园区、龙门文化旅游园区、社旗县赊店商埠文化产业园区、禹州市（神垕）钧瓷文化产业园区等 6 个园区确定为"河南省文化产业示范园区"。而 2014 年 12 月，中央新影华夏文化产业园－华夏影都项目在河南洛阳正式启动，预计项目将于 2020 年全面建成使用。项目以影视为载体，着力构建"一园多产"的产业发展格局，整体形成影视、文化、旅游、休闲四大主导产业，建成后可同时容纳 80 个摄制组同时拍摄，预计年接待游客量将达到 1500 万人次。园区以 5A 级景区标准建设，力求突破传统影视基地模式，实现文化、旅游、影视、产业、城镇化建设五位一体的融合发展。①

城市是文化产业发展的载体，文化创意产业的集群模式要充分发挥中心城市的带动作用。郑州作为河南的省会，是中原经济区的政治、经济和文化中心，在资金、技术、人力、资源、交通等各方面都具有较强的竞争优势。因此，要以郑州、开封、洛阳、安阳、南阳、许昌、新乡等具有较强优势的重点城市为基础，培育以城市为中心的文化创意产业辐射地带，强化文化创意产业的聚集和扩散功能，着眼于产业链的延伸，培育产业集群，抓好企业的产业配套，打造文化创意产业的龙头企业，促进区域的文化资源转化与新兴文化业态发展。

（四）注重政府主导作用的发挥

如前所述，基础设施的便利程度以及开放程度等都与创意产业的发展关系密切，相较而言，河南基础设施的便利程度不够，新兴文化产业相对弱小，复合型创意人才匮乏，而且新兴文化业态的管理也存在条块分割严重、未形成协调机制等问题，这些都制约着文化创意产业的发展。同时在大部分国家或地区促进文化产业发展的过程中，政府起到了重要的作用。不管是欧盟国家还是日本、韩国，政府都采取

---

① 韩思艺：《国内最大的综合性影视文化产业园在洛阳开建》，映象网，http://www.hnr.cn/ly/jrrd/201412/t20141218_1755244.html。

了诸多的措施，制定法律、法规保护文化产业，加大资金等的支持力度，搭建良好的文化产业发展平台。即便是强调市场主导型、主张"无为而治"的美国政府也在公共文化事业、教育以及文化产品的贸易等各方面提供资金的支持和制度的保障，甚至将文化的对外宣传作为其国家战略加以实施。

从河南文化资源转化及新兴文化业态发展的状况来看，更要强调政府方面的主导地位。总体来说，河南目前作为市场主体的新兴文化企业实力较弱，规模较小，还未形成较强的竞争力；创新能力不高，缺乏具有较高知名度、影响力的品牌，没有形成规模较大、有较强竞争力的骨干企业、龙头企业和高素质的管理人才队伍；长期以来，在企业的经营管理方面存在手段单一、管理方式落后、竞争意识薄弱，以及小、散、弱、差等问题。显然，政府主导作用的发挥是适应河南文化资源及新兴文化业态发展的实际需要的。近年来，河南政府在文化资源产业的发展方面给予了资金、政策和市场的多方面支持，实际上已形成了文化产业发展的政府主导模式。

第五章
河南省传统文化资源开发及文化品牌培育

河南的文化产业发展很快，文化产业增加值不断增长，文化产品不断丰富，这既得益于河南丰富的文化资源，也得益于政府的引导和政策支持。然而，比较而言，河南文化产业的发展和文化资源的转化与发达地区相比还有很大的差距。与此同时，在文化产业发展的任何阶段，品牌的培育都是文化产业快速发展地区不遗余力在推进的环节，因此，培育中原文化品牌可以说是河南丰富文化资源转化的关键，也是未来河南文化产业发展、文化影响力提升的重中之重。

第一节 文化品牌培育及其特征

一 文化品牌与文化资源转化

（一）文化品牌

品牌是能给拥有者带来溢价、产生增值的一种无形的资产，它的形成需要一个用以和其他竞争者的产品和劳务相区别的、可以识别的载体，如商标、标识、公司名称、象征、记号或设计等。品牌具有鲜明的排他性和无形可感的属性，可以使产品增值，为企业带来额外的经济效益。文化产业是一个以服务精神为主的产业。文化产品尤其需要突出独特、差异、丰富等品牌特性，实现文化产品的增值和溢价，满足消费者的精神需求，这是文化产业独具特色的地方，同时也使得文化品牌在文化的推销中起着更为关键的作用。文化品牌也代表着一个企业的形象，甚至一定程度上还代表着一个地区或国家的形象，体现着一个地区或国家的文化产业实力和经济发展程度，反映着一个地区或一个国家竞争能力的强弱。在知识经济时代，文化产业品牌建设无疑具有更为长远的价值。

（二）文化品牌与文化资源转化

从文化资源到文化产业开发需要经历的两个转化过程，即文化资源优势向文化商品生产优势的转化和文化商品生产优势向文化产业开发优势的转化。区域文化产业的发展取决于区域文化资源的数量和质量，然而更为重要的是对文化资源的转化或驾驭能力。随着文化产业的发展，后一方面的表现更为关键，有学者将其界定为文化产业的核心竞争力。可以说文化产业的核心竞争力是判定一个地域文化产业前景的重要因素之一。从微观的角度来看，文化产业核心竞争力要通过文化企业生产经营过程中一系列的核心特长或关键能力表现出来，并最终以市场的占有率和品牌的知名度为标准。而从产业的角度来看，文化产业品牌代表着一个地区文化产业的所有软硬实力内涵，在核心竞争力形成过程中具有突出的价值。

文化品牌是区域文化产业核心竞争力的体现，而特色文化品牌的培育更已成为地区文化产业发展的新的支撑点。从文化资源的转化到文化品牌的培育既是观念和视角的变化，也是文化产业发展到一定阶段的必然。在这里，笔者从文化资源的转化到文化品牌的培育的不同阶段入手探讨这一问题。

二 文化品牌培育的阶段及其特征

（一）初级阶段：从文化资源到文化品牌的自发转变

最初，从文化资源转化到文化品牌的培育都是无意识的、自然和自发的。

我国 2004 年才首次由国家统计局在其公布的《文化及相关产业分类》中对文化产业予以界定，这持续引发了各地政府以及学界对文化产业的关注，而文化产业的快速发展也是近十年来的事，在这之前，对文化资源的转化和利用以及文化品牌的构建大多是无意识的。

文化资源具有区域性的特点。地区之间由于自然条件、历史文化资源、传统习俗、经济基础、文化需求等要素的差异导致文化资源的区域差异。文化资源转化为文化商品需要一个资源的市场化过程。建立在区域差异性基础上的文化资源优势并不一定会形成能够生产和消费的文化产品，如果不能，那么文化资源就只是资源，或者说是一种潜在的、静止的资源优势。只有当文化资源或其某一特质与资金、技术等结合起来，经过劳动创造，才能将其转化为文化产品。在人们认识和重视文化产业之前以及文化产业发展的最初，形成的著名品牌很大程度上属于无意识的建构物，比如黄山游览区、泰山游览区、故宫博物院、兵马俑、龙门石窟等。这些文化资源凭借深厚的历史及文化积淀、久远的知名度和独特的区域文化特质，与旅游相结合成为文化商品，在几乎没有任何营销手段的情况下形成海内外知名的文化品牌。

此时，从文化资源到文化品牌的转化具有鲜明的特征。

首先，文化品牌对文化资源的依赖性很高，或者说文化资源的数量和质量作为文化品牌的主要构成部分，直接决定着文化品牌的知名度和价值。

其次，从文化资源到文化品牌的转化是无意识的。少之又少的资金支持和政府扶持，在几乎没有营销的情况下，仅凭借着区域文化的魅力完成文化资源到文化产品再到文化品牌的转化。

再次，从文化业态的角度来看，文化资源尤其是具有较强观赏性的自然资源和历史文化资源与旅游的结合较为紧密，文化产品的消费和文化品牌的价值则主要是通过与旅游结合的方式来实现的，相比较而言，其他业态还远未出现或形成。

（二）成长期：促进文化资源转化，培育区域特色文化品牌

随着文化产业的发展和区域文化产品竞争的加剧，地方政府对文化资源的利用和转化越来越重视，不断出台新的政策支持文化产业的发展，促进文化资源的转化。各地也在区域文化资源优势的基础上加大文化品牌的培育和宣传营销力度，提升文化品牌的价值和区域文化产业的竞争力。在从文化资源到文化品牌的转化链条中，文化企业起到越来越重要的作用，这一时期文化品牌的构建和培育显得尤为重要和迫切。

此时，从文化资源到文化品牌的转化有着以下的特点。

首先，突出区域文化资源的独特性。文化资源存在区域的差异，由于自然条件、历史文化等因素的影响，这种差异有大有小。一定程度来讲，差异的文化资源更容易形成差异的文化产品，当然也更容易形成区域文化产品和文化产业的竞争优势。

其次，注重文化企业的发展。从微观的角度来讲，文化企业是文化产品生产的主体，在从文化资源到文化品牌的转化中起着关键的作用。文化品牌塑造的过程，实际上是通过创造、展示产品和企业形象满足消费者需求这一最终的目标的特殊文化过程。

再次，注重文化产品的产业化。文化产品生产的链条化是文化产业的基本特征。随着文化产业的发展，产业链条之间相互联系、继续加强并共同构成一个庞大的文化产业网络。在这个产业网络中，各个文化企业和文化产品相互依存又面临互相竞争，机遇与挑战并存。伴随这一进程，文化资源优势转化为文化产品的生产优势，并逐渐形成区域文化产业的发展优势与品牌特色。

最后，政府在文化资源转化和文化品牌培育中起到推手的作用。我国文化产业还刚起步，与发达国家和地区相比差距甚远，政府的引导重要且必要。

（三）发展趋势：品牌和创意

我国的文化产业还处于发展的初级阶段，但从文化产业的特点和发展规律，以及发达国家的实践来看，文化资源的转化和文化产业的发展趋势有以下特点。

首先，突出品牌，弱化资源。文化资源是文化产品生产的要素，没有文化资源就没有文化产品，然而，一个与之相背离的事实是文化资源丰富不等于文化产业发达，甚至很多文化产业高度发达的地区，其文化资源并不丰富。动画片《花木兰》采用的是中国的历史文化资源，然而是好莱坞这一文化品牌下的产品，其成功很大程度上得益于美国发达的文化产业、高超的动漫技术以及好莱坞成功的电影运作和营销能力。

其次，创意和人才的重要性凸显。文化产业本身是内容产业，其核心和源头就是创造、创新和创意。同时，创新是品牌的精髓，可以保证品牌的独特性和永久魅力。而无论是创新还是创意，核心要素是人才，因为所有的创新都离不开人，离不开人的智慧、智力和技巧。

再次，产业集聚效益越来越明显。区域文化产业开发中产业集聚产生的优势已经得到了实践的检验。好莱坞的电影、韩国的动漫游戏、日本的漫画都依靠产业的集聚体现出了在同一领域和其他国家和地区相比较的优势。我国的文化产业开发虽然起步比较晚，但在有些地区产业的集聚现象已粗具规模，如上海的数字出版、广东的动漫游戏、北京的电影行业、湖南的广播电视等。

第二节　河南文化品牌状况

一　河南的文化品牌概述

截至 2018 年，河南省有全国文化先进县 26 个、文化先进社区 14 个、特色文化广场 5 个、中国民间文化艺术之乡 74 个。省级文化先进县 44 个、文化先进乡镇（办事处）382 个、群众文化活动先进社区 103 个、民间文化艺术之乡 190 个。[①]

（一）河南的文化产品

河南拥有着丰富的文化资源，这些反映中原地区社会生产、生活的历史遗迹、文物、古籍、民俗等文化遗产已经成为中原文化的代表和河南文化产业发展的基础。其中，洛阳龙门石窟、安阳殷墟、少林寺、白马寺、相国寺等物质文化遗迹；甲骨文、少林功夫、太极、豫剧、朱仙镇年画、清明上河图等非物质文化遗产；洛阳、开封、南阳、安阳等历史文化名城；轩辕黄帝、岳飞、花木兰、老子、张衡、张仲景、杜甫、白居易、杨靖宇等历史人物；黄帝故里拜祖大典、洛阳牡丹节、开封菊展、南阳玉雕节等文化活动等已经成为中原文化的名片。

（二）河南的文化企业

文化品牌的培育离不开文化资源的挖掘、政府的支持以及文化企业的发展。其中，文化企业是文化品牌培育的主体，文化资源中文化价值的挖掘既要结合文化资源的特点，也要符合市场的定位，企业是将文化资源与市场有效连接的关键。近年来，河南文化企业有了长足

---

① 银新玉：《河南省文化发展概况》，河南省人民政府网站，https://m. henan. gov. cn/2011/03 - 04/260811. html。

的发展。2016 年河南重点打造了郑州国际文化创意产业园、开封宋都古城文化产业园区、许昌钧瓷文化创意产业园、漯河市开源文化产业园区、镇平县（石佛寺镇）玉文化产业园区、汝州市汝瓷电子商务产业园等 6 个重点文化产业园区，重点支持郑州华强文化科技有限公司等 10 家文化企业（名单见表 5 - 1）。

表 5 - 1　河南重点文化企业

企业	区域	所属行业
郑州华强文化科技有限公司	郑州	创意设计服务
开封清明上河园股份有限公司	开封	文化娱乐休闲
洛阳日报报业集团	洛阳	新闻信息服务
河南省森润工艺品有限公司	安阳	工艺美术
焦作云台山旅游发展有限公司	焦作	文化娱乐休闲
河南大宋官窑瓷业有限公司	禹州	工艺美术
河南日报报业集团有限公司	郑州	新闻信息服务
中原出版传媒集团	郑州	出版传媒
河南有线电视网络集团有限公司	郑州	广播电视节目制作、传输
河南文化影视集团有限公司	郑州	影视、出版传媒服务

资料来源：映象网（http://www.hnr.cn/news/xwzt/wen/）。

二　河南文化品牌的价值

河南文化产业的发展和文化资源的转化还可以从文化品牌的数量和价值方面加以衡量。

文化产业的发展依托于文化资源的市场化开发和运作，文化产业竞争力的培育主要取决于对文化资源的驾驭和利用能力，并在很大程度上表现为文化品牌竞争力的提升。世界上 95% 的娱乐市场被全球最大的 50 家媒体娱乐公司所占据，90% 以上的新闻制作被美国和西方的文化集团所垄断。文化品牌的强弱已不仅仅是一个企业竞争力的体现，更是一个地区、一个国家文化产业发展程度的重要衡量指标，文化品牌的构建已日益成为文化产业发展的支撑点。

文化品牌竞争力综合性地体现为文化品牌的价值。中南大学中国文化产业品牌研究中心在借鉴世界最有价值品牌评价方法的基础上，从市场份额、超值创利能力、出口能力、商标具有的法律效力和获得投资支持的能力、超越地理和文化边界的能力等方面选取指标，选出了涵盖电影、广播电视、动漫游戏、新媒体等共 15 个大类价值位列前 200 位的文化品牌（《2011：中国文化品牌报告》）。① 其中，香港特别行政区入选 9 个，台湾地区入选 1 个，其余的 190 个文化品牌分布于除了河北、内蒙古、贵州、西藏、新疆外的 26 个省份。190 个文化品牌中，位列会展品牌类第五名的中国华东进出口商品交易会（华交会）作为区域性国际经贸盛会，涉及上海市、江苏省、浙江省、安徽省、福建省、江西省、山东省、南京市、宁波市 9 省市，难以将其划分到具体的地区，因此在不影响最终分析结果的基础上将其剔除，并在对其余的 189 个文化品牌进行分析的基础上研究文化品牌数量和价值的分布与区域文化资源的转化。

（一）从文化品牌数量、价值的地区分布来考察

从入选的 26 个省份文化品牌的分布来看，北京市入选的文化品牌数量最多，有 73 个，占 38.6%，文化品牌价值最高的是浙江省，约为 9670 亿元。天津、黑龙江、江西、重庆等 10 个省市各仅有 1 个文化品牌入选，数量最少，黑龙江的文化品牌价值最低，为 0.665 亿元（见表 5 - 2）。从东部、中部、西部、东北四大地区看，东部 9 省市、中部 6 省、西部 8 省区市和东北 3 省入选，文化品牌数量最

---

① 《文化产业导刊》2011 年第 5 期，第 78～80 页；《文化产业导刊》2011 年第 8 期，第 78～80 页。

多、价值最高的是东部，品牌数量最少和价值最低的地区是东北（见表 5 - 3）。

表 5 - 2　文化品牌数量和价值的省份分布

省份	品牌数量（个）	品牌价值（亿元）	省份	品牌数量（个）	品牌价值（亿元）
北京	73	7532.268	山西	3	87.051
天津	1	2.4	安徽	2	73.231
上海	18	1043.456	江西	1	41.607
江苏	8	938.557	河南	2	69.1
浙江	10	9669.724	湖北	2	61.711
福建	1	9.568	湖南	22	2010.025
山东	2	60.757	广西	2	42.434
广东	26	5534.193	重庆	1	3.814
海南	1	2271.72	四川	2	21.965
辽宁	2	76.857	云南	2	1171.940
吉林	3	32.116	陕西	1	503.200
黑龙江	1	0.665	甘肃	1	14.937
宁夏	1	7.614	青海	1	21.629

表 5 - 3　文化品牌的地区分布

地区	品牌数量（个）	占比（%）	品牌价值（亿元）	占比（%）
全国	189		31302.54	
东部	140	74.07	27062.64	86.46
中部	32	16.93	2342.725	7.48
西部	11	5.82	1787.533	5.71
东北	6	3.18	109.638	0.35

文化品牌的数量、价值的分布不均衡，地区差异性较大。26 个省份中，文化品牌数量为 1 个的有 10 个，文化品牌数量为 2 个的有

山东、河南等 8 个，品牌数量为 3 个的有 2 个，文化品牌数量在 3 个以上的省市只有北京、上海、江苏、浙江、广东和湖南。这 6 省市入选的文化品牌数量占总数量的 83%，文化品牌价值占总价值的 85%。

（二）从文化品牌的价值分布来考察

从文化品牌价值的分布来看，只有为数较少的品牌价值较高，大部分品牌的价值在 200 亿元以下（见表 5 - 4）。189 个品牌中价值在 1000 亿元以上的有 7 个，其中价值最高的品牌是"杭州"，高达 9120.572 亿元。100 亿元以下的文化品牌占总数的 80%，200 亿元以下的文化品牌占总数的 90%。

表 5 - 4　我国文化品牌的价值分布

单位：亿元，个

价值	≥600	500～600	400～500	300～400	200～300	100～200	≤100
品牌数量	8	3	1	2	5	19	151

从不同的文化业态来看，我国文化品牌的价值总体还处于较低的水平。其中，文化品牌价值较高的业态有新媒体、文化创意、体育休闲与文化旅游，其中体育休闲与文化旅游的品牌价值最高，为 14644 亿元。品牌价值在 1000 亿～2000 亿元的业态有广播电视、报业、图书出版发行和文化制品。品牌价值在 1000 亿元以下的业态则有电影、动漫游戏等业态，其中期刊行业的品牌价值最低，仅为 99 亿元。

各个文化业态中价值最高的品牌所在地和品牌密度较高的地区主要为文化产业发展程度较高的北京、上海、江苏、浙江、广东和湖南等地区（见表 5 - 5）。可见，随着文化产业的发展，北京等地区已在原有的文化产业优势的基础上，逐步培育出全国性的知名品牌，形成了各具特色的文化创意产业集聚区。如广东的动漫游戏、会展、报业、文化创意，北京的广播电视、图书出版与发行、艺术品收藏与拍卖和湖南的广播电视、文化制品等均已形成较强的品牌优势和文化创意产业集聚区。与之相比，其他省份尤其是文化资源丰富的中西部地区，文化资源的转化和文化品牌的培育仍存在较大的差距。

表 5 - 5　不同业态的文化品牌价值比较和地区分布

文化业态	文化品牌价值总值（亿元）	文化品牌数量（个）	价值最高的文化品牌	最高文化品牌的价值（亿元）	价值最高文化品牌所在地区	品牌影响力较大的地区
电影	436.125	11	万达影城	75.714	北京	北京、上海
广播电视	1044.537	15	中央电视台	526.257	北京	北京
动漫游戏	382.297	11	网易游戏	171.640	广东	广东
新媒体	3323.726	17	中国移动	2028.6	北京	北京
报纸	1184.814	15	广州日报报业集团	227.485	广东	北京、广东
期刊	98.793	12	瑞丽	27.338	北京	北京
会展	197.089	9	广交会	79.433	广东	广东
文化创意	5400.675	13	腾讯 QQ	3324.929	广东	北京、广东
图书出版发行	1349.378	18	江苏凤凰出版传媒集团	548.903	江苏	北京
数字出版	146.228	10	盛大文学	57.679	上海	北京、上海
体育休闲与文化旅游	14644.08	14	杭州	9120.572	浙江	北京
演艺娱乐	648.57	13	上海文广演艺集团	216.441	上海	北京、上海
艺术收藏与拍卖	603.016	12	北京保利	168.014	北京	北京
文化制品	1504.916	10	浏阳花炮	1028.17	湖南	湖南、浙江、江苏
其他	438.486	9	盛世长城	137.142	北京	

总体来看，首先，无论是从入选品牌的数量，还是从其价值和影响力等各方面来看，东部都占有绝对的优势地位。与之相比，中部省份除湖南外均与东部文化产业发达地区有着较大的差距。在全国前200个文化品牌中，河南入选的品牌有2个，一个是少林寺，品牌价值为66亿元，另一个是烟涧村青铜器，品牌价值为3.1亿元。品牌价值总额在全国各省份中排名第13位，与排名第1位的北京相差甚远，还不到其总值的1%。在中部地区，河南省的文化品牌价值也并不高，在6省中河南文化品牌总价值排名第四，仅高于江西和湖北，略低于安徽和山西，与湖南相比也存在较大的差距。

其次，河南入选的品牌均属于资源型文化品牌[①]。或者说河南省文化品牌的资源依赖性还较强。与之相比，湖南资源型的文化品牌数量占其总品牌数的23%，绝大部分品牌都不是资源依赖型的。同样地，北京、广东、江苏、浙江、上海等文化品牌价值较高的地区，70% ~90%的品牌对文化资源的依赖性都不强。

再次，从文化业态的发展来看，目前新媒体、文化创意和文化旅游的发展较快，对区域文化产业发展的贡献度较大，品牌价值较高。在这三种业态中，河南的少林寺入选文化创意品牌，位列第四名。可以看出，河南虽然有着大量的文化资源，然而文化资源的转化却并不尽如人意，酒香也怕巷子深，文化品牌的宣传、营销没有跟上，文化资源的挖掘不够，创意缺失，人才流失，文化品牌的影响力有待继续加强。

三　区域文化资源开发与文化品牌的相关分析

区域文化资源的开发水平综合地体现在区域文化产业的增加值

---

① 文化产业生产的决定性要素可分为资源、能力和技术三类。基于该种分类，可以将文化产业分为三种类型，即资源型文化产业、能力型文化产业和技术型文化产业。

上，而文化品牌的数量和影响力也在一定程度上反映了区域文化品牌的竞争力。这里我们来分析一下区域文化品牌数量、价值与区域文化资源开发的相关性。区域文化品牌的衡量指标就以 2010 年入选全国文化品牌 200 强中的 189 个文化品牌的价值和数量来予以考察，区域文化产业的差异就以 2010 年各省份文化产业的增加值来考察。上述189 个文化品牌分布在除了河北、内蒙古、贵州、西藏、新疆外的 26个省份。分析结果如表 5-6 所示。

表 5-6　文化产业与文化品牌的数量、价值的相关性

	文化品牌价值与区域文化产业	文化品牌数量与区域文化产业
0.01 的水平上相关系数	0.712	0.522
样本数（个）	26	26
Sig.（双尾）	0.000	0.006

分析结果显示区域文化产业与文化品牌价值的相关系数大于 0.7，相关性较强；区域文化产业与文化品牌数量的相关系数大于 0.5，具有中度正相关性，而且二者 P 值分别为 0.000 和 0.006，表明区域文化产业增加值与区域文化品牌的数量、价值的相关性分析具有统计学意义。同时，区域文化产业增加值与文化品牌的价值的相关性比它与文化品牌数量的相关性更强。

上述分析结果表明区域文化产业的发展有助于文化品牌的成长壮大，反过来，文化品牌也促进了区域文化产业的发展。一方面，区域文化产业的发展会提高其对资源、企业、人才等的吸引力，逐步形成区域的产业集聚优势，有利于区域资源配置能力的提升、产业结构的升级。而地区良好的产业发展环境、不断扩大的市场需求、区域内企业的发展壮大以及新技术、新产品的推广应用等都为品牌的培育和营销提供了有利的条件。

另一方面，文化品牌又影响着区域文化产业的发展。首先，文化品牌是影响区域文化产业竞争力提升的重要因素。资源的稀缺性会使得区域文化产业的竞争越发激烈，因此未来的竞争绝不仅是规模和成本的竞争，更是文化产品特色和差异化的竞争，更进一步地说是拥有优势文化品牌的企业之争，是文化品牌的竞争。其次，品牌有助于文化产品的营销，以及区域文化产业形象的提升。品牌蕴含着消费者的个性需求，强化了一种产品区别于其他产品在性能、服务和形象等方面的差异性，有利于文化产品的销售。基于品牌效应，区域文化产业的知名度、影响力会得以提高，对资本的吸引力也会加大，这又为区域文化产业的发展提供了更多的机会，有助于区域文化产业的持续发展。

因此，为更好地促进区域文化产业的发展，各地应将文化品牌的培育作为提升区域文化产业竞争力的重要途径，通过品牌的创建突出区域文化产品的特色和知名度，加大区域品牌整合的力度，不断提高文化产品的附加值，赢得竞争的优势。

第三节　河南文化品牌培育的对策

一　世界知名文化品牌的构建与培育的经验

（一）好莱坞与美国电影行业

好莱坞是美国电影业的标志。此外，华特迪士尼、二十世纪福克斯、索尼、环球电影、华纳兄弟等也是美国电影业赫赫有名的品牌。这些品牌及其制作发行的一系列电影作品，将美国电影打造成在全球占据优势地位的行业。可以说，美国电影的成功与好莱坞、迪士尼这些知名品牌的品牌效应密切相关。此外，好莱坞的品牌运作也是可圈可点。好莱坞的全产业链战略依次是：大投入、大制作、高科技、打造精品；实行商业运作，全方位宣传，在全球范围内广泛地放映；做成 DVD 等继续获取利润；拉长产业链，或做成相关游戏软件，或依据电影形象或场景打造综合游乐园，或者通过版权的转让获取收入等。此外，美国电影的成功除了其品质保障和品牌效应外，美国政府的支持、宣传和营销也起到了重要的作用。如保障竞争和电影业的市场化运作，利用其政治、经济优势对本国电影输出的支持等。

（二）韩剧与韩国文化品牌打造

韩剧是韩国倾力打造的著名文化品牌。韩剧这一文化品牌，在东南亚地区制造了一股追赶韩流的新时尚，并借此带动了除了电视剧、娱乐界外的大批文化产品的出口。在韩剧的打造中，政府的推手作用不容小觑。2001 年，韩国政府实施了世界一流品牌发掘与培育制度，促进世界一流品牌的打造，通过评选的方式选出具备发展潜力的文化企业，对其提供政策、资金、税收等各方面的支持。2009 年 1 月 22 日，又成立了直属总统的国家品牌委员会，负责推动国家品牌战略，帮助企业开发全球性自主品牌。韩国文化品牌的影响力大大提高，除了韩剧外，其他文化业态比如网络游戏产业也有了快速的发展。

（三）台北故宫博物院与传统文化资源转化

台北故宫博物院拥有 65 万件珍贵而精美的文物。然而，只是用传统的方式将典藏轮番展示显然对时下新人类和新新人类来说很难有很大的吸引力。那么如何用创意挖掘开发传统文化资源，使传统文化产生新的价值呢？台湾的做法很值得同样拥有大量文化资源的河南的借鉴。

2008 年周功鑫执掌的台北故宫博物院，提出"博物馆产业化、现代化、年轻化"理念，采取图像授权、合作开发和品牌授权三种方式与厂商合作开发衍生产品、延伸产业链。台北故宫将传统与现代融合，于 2008 年创设文化创意产业育成中心，为相关企业的设计团队开办免费文化创意课程，引导他们利用博物馆的丰富珍藏，从精美文物中吸取艺术养分，启发创意灵感，同时组织开发相关创意产品。经过层层选拔，遴选出16家台湾本土和国际知名厂家设计、生产故宫的相关文创商品。此举不仅取得了可观的经济效益，而且极大丰富了中华古典文化的内涵。同时也使越来越多的人爱上博物馆，爱上中华传统文化。同时相关衍生产品的开发也取得了不小的进展，衍生品的数量多达4000多种，其中"翠玉白菜"的相关文创商品就多达几十种。既为故宫带来经济效益，也激发游客对文物、文化的兴趣，还扩大了故宫的影响力、传播力和辐射力。可见，观念和创意在文化资源的转化和文化品牌的开发中起着关键的作用。

二 河南文化资源转化和文化品牌培育的建议

综合来看，目前河南正处于文化产业的成长期，处于文化产品产业化的进程之中，文化产品的资源依赖性较强，文化资源的转化渠道单一，创意还有待加强，区域特色文化品牌的培育迫在眉睫。因此，笔者认为，在文化品牌的打造中，以下几点尤为关键。

（一）加快文化市场化步伐

当前河南文化市场发展的一个突出问题是条块分割、市场竞争不足，大量同质文化企业之间既无法有效竞争，也做不到专业化合作。因此，需要加快文化管理体制和文化市场体制改革步伐，建立和完善培育文化品牌的市场机制。

文化企业是文化品牌培育的主体，目前河南的文化企业中，占主导地位的大企业几乎全是国有企业，因此，文化品牌的培育需要国有文化企业积极性和创造性的发挥。而积极性和创造性的发挥离不开竞争的市场环境和真正适应市场的竞争主体。只有加快文化管理体制和文化市场体制的改革步伐，使得文化企业尤其是国有文化企业真正自主经营、自负盈亏，品牌培育才会成为企业的自觉选择，而企业也才会为提高产品的市场占有率和市场覆盖率，为提高品牌的知名度、美誉度发挥自主性。再者，创造竞争的市场环境。市场配置资源的高效率源自市场竞争，品牌就是市场选择的结果，真正的名牌，真正的名牌产品需要在市场中竞争产生。因此，文化品牌的培育需要建立完善的市场体系，打破条块的分割，铲除地方保护主义，打造开放、统一、竞争有序的市场机制。

（二）逐步形成文化产业集群

产业集聚发展是大量同行业企业以区域内某种文化优势资源或能力、技术为基础，相互之间专业分工、协同合作，依托区域内企业的整体力量创建和培育区域品牌。

文化产业集聚具有以下优势。首先，产业集聚能够提高文化产业的生产效率。文化企业区域上的集中，一方面能够促进文化产业的区域内分工，集聚区内的企业也能够得到更多的信息、更稳定廉价的劳动力、配套的产品和服务、更完善的营销网络和物流体系，甚至更好的公共物品和服务，这些都使区域内的文化企业降低了交易成本，提高了生产效率和产品竞争力。其次，集聚能更好地促进创新。集中的顾客群降低了设立新企业和开发新产品的风险，投资者也更容易发现市场机会。此外，集聚有助于知识的溢出，同行业之间的非正式交流，往往不是通过契约的形式来实现，而是通过劳动力之间的接触等，使不同的思想在交流中相互碰撞而产生新的创意。最后，集聚加剧竞争，有助于提高整个产业的竞争能力。竞争会迫使企业不断降低成本，改进产品及服务，提高企业的竞争力，也提高整个产业的竞争力。

目前，河南已形成一批颇具地方特色的文化产业集群，如禹州钧瓷、镇平玉雕、宝丰魔术、民权画虎、平乐牡丹画等。截至2014年4

月，河南拥有国家级文化产业示范园区 1 个、国家级文化产业基地 9 个、省级文化改革发展试验区 10 个以及一批由河南省文化厅命名的文化产业示范区和示范基地，它们为河南文化产业的发展和文化企业竞争力的提高提供了有力的支持。然而，总体而言，河南文化产业集群的发展还处于初级阶段，文化企业的小、散、弱问题还未得到根本的改善。因此，政府及相关部门应积极做好合理的产业规划，为区域内文化产业集聚和产业升级发挥好导向作用，制定配套的财政、税收、土地等方面的政策与法规，完善集聚区的公共服务体系。引导和鼓励文化企业、金融、研究机构、行业组织等单位共同入驻产业集聚区，形成区域经济综合体。

（三）加强创意和人才的培育

文化产业有别于其他产业的特点之一就在于创意。文化产品往往具有独特的个性和特异性，因此创意和人才在文化产业发展中的作用尤其独特。许多独特的文化产品，首先是由独特个性和奇异的创造精神所生产创造的。想象力、创造力是文化创意产业最好的生产技术。一味模仿、缺乏创新、简单复制的文化产品是没有办法形成真正的文化品牌的，文化创意产业的发展活力也必然受到极大抑制，难以实现文化创意产业应有的高收益。正如上文所讲，创意的主体是人。文化产业的发展需要聚集大量的人才，现代文化企业也应成为人才的聚集点。因此，文化企业要注重不断培育人才，合理利用人才，发挥人才优势，创造知名品牌。政府部门要积极协调高校与科研院所的力量，为企业培养和引进高水平、高素质的人才提供帮助，为文化品牌的培育提供人才支撑。

同时，要破除陈规，引导创意成为一种社会文化和生活方式。观念的更新和社会包容性的提高可能不是一朝一夕就能实现的，但是只要企业、政府、社会共同努力，创意、创新、创造、创举会越来越多，想象力会越来越丰富，循规蹈矩的创意人才会更少，具有原创价值的文化产品会更多。

（四）注重营销，提高品牌的影响力

"酒香也怕巷子深。"一向标榜自由市场的美国政府也运用各种方式对其文化和文化产品进行宣传，因此，文化品牌的影响力离不开品牌的传播和营销。随着科技手段的日新月异，现代传播手段为文化产业发展和文化品牌建设提供了巨大的机遇。例如湖南卫视的"我是歌手""爸爸去哪儿"，都是借助湖南卫视和网络等现代传播平台，才取得了巨大成功，成为 2013 年甚至 2014 年的重要文化品牌。河南拥有丰富的历史文化资源，在区域文化品牌的营销中，更要重视区域文化特色、内涵和文化品牌价值的挖掘和传播，促进区域文化品牌核心竞争力的建构。河南少林寺成为全国乃至世界知名的武术、文化品牌，媒体的力量是不言而喻的。改革开放后，大量以少林武术为题材的电影、电视以及动画等影视作品得以推出，电影《少林寺》不仅捧红了李连杰，而且让少林寺这一文化品牌享誉世界。此外，各类的武术表演、舞台剧如《禅宗少林·音乐大典》等均以不同的形式阐释着少林的文化内涵等。

同时，在品牌的宣传和推广上，政府应扮好职业推销员的角色。政府部门运用其公信力展开营销对企业的生产行为以及消费者的购买行为都有着巨大的影响，多个国家和地区的经验表明，由政府有关部门出面对名牌进行推介和宣传，是创建和发展名牌的有效途径。政府应充分利用各种媒体渠道和各种文化经贸活动，主动地、有计划地向广大消费者宣传和推荐文化名牌，利用政府的权威，提高品牌的知名度和美誉度，扩大品牌的社会影响。另外，政府还可以利用采购活动的示范带动作用，树立本土品牌产品的形象，扩大其影响，唤醒民众以实际行动支持本土品牌的创建和发展。

（五）政府的支持和引导

首先，政府要引导文化企业树立正确的品牌意识。政府要集中力量，研究制定符合河南实际的文化品牌发展战略，并做好文化产业布局，积极引导各地在区域优势的基础上发展具有竞争力的产业，集中扶持一批文化企业，帮助、扶持、培育一批具有中原特色和优势的文化品牌。

其次，政府应通过财政、税收、信贷、技术、产业政策以及人才支撑等，积极扶持文化品牌的发展。如设立文化产业发展专项引导资金或基金，支持、扶植和培育一些有市场前景、有科技含量、有社会效益的文化企业和名牌产品；对于有市场、有效益、产品质量好、能够参与国际国内市场竞争的文化企业，在政策、资金、税收等方面给予优惠。在产业政策上，支持拥有名牌产品的文化企业以资本为纽带，通过兼并、收购、合并、租赁等方式，组建企业集团，并帮助条件成熟的文化企业实现战略重组和上市，推动文化企业向集团化、规模化方向发展。

最后，完善法律法规，注重知识产权的保护。严厉打击盗版行为，积极引导民众消费正版文化产品，鼓励创新，为文化产业的发展提供强有力的法律支持，保障文化产业的健康发展和文化品牌的成长。

第六章
河南省文化产业发展政策

在漫长的社会历史发展过程中，人类创造了巨大的物质财富和精神财富。河南历史悠久，文化资源也丰富多彩，随着文化产业的发展，这些由历史积淀的物质载体、非物质载体等文化资源被广泛地开发和利用，大量具有河南文化特色的形式多样、内涵丰富的文化作品被生产出来，在丰富着我们生活的同时，也为河南文化产业的发展、经济的繁荣以及经济增长方式的转变做出了应有的贡献。

河南拥有着丰富的传统文化资源，如何更好地对其进行不断地开发和利用一直以来都是河南文化产业发展的核心问题。2005 年以来，河南文化产业经历了快速的发展。这既与河南丰富的文化资源密切相关，也离不开自 2005 年以来国家和河南政府对文化产业的引导和大力扶持；既有各类文化企业在机遇面前的不懈努力，也有政府政策的积极有效干预。随着高科技、互联网等在文化产品开发领域的广泛应用，传统文化资源的开发与新兴文化业态的发展糅合在一起。河南文化产业的发展势必需要挖掘河南文化资源丰富的地域优势与文化特色。不可否认的是，河南文化产业的发展还与河南文化产业政策措施密切相关。

第一节　文化产业发展的政策需求

西方学者的研究主要集中在理论研究领域，内容主要针对以下几个方面。首先，关于文化政策与身份认同问题的研究。涉及该问题的研究很多，如 Sassatelli 指出欧盟推出的文化政策，包括符号性创造，是欧盟试图通过完善它的符号唤醒欧洲意识的工具[①]。其次，文化政策与区域发展方面的研究。卡西·布里克伍德认为文化是社会的驱动力，必须重视和发展文化政策，建立资助和扶持政策，努力改善社会结构。[②] 再次，关于文化政策与文化产业的研究。赫斯蒙德夫指出政府通过制定法律、管制和津贴补助三种方式来干预文化市场，并强调了"政策的执行"，指出在文化产业政策和文化产业领域存在权力差异问题。[③]

国内的研究主要有以下几个方面。首先，关于文化产业政策体系的研究。杨吉华指出文化产业政策体系可以分为产业结构政策、产业组织政策、产业发展政策三大类，且文化产业政策应遵循社会效益与经济效益相结合的原则。[④] 吴慧勇则指出文化产业政策既要注重实用性，也必须注重"批判"话语。[⑤] 其次，关于文化产业中的财税、金融政策研究。贾旭东指出文化产业金融政策是一种扩张性政策，核心问题是为文化产业的发展和振兴提供金融支持。[⑥] 李本贵等则提出了如何解决目前文化产业税收政策中存在的诸多问题。[⑦] 再次，关于文化产业政策的历史变迁与横向比较的研究。杨吉华对 1978 年以来的

---

① Sassatelli, M., "Monica Imagined Europe: The Shaping of a European Cultural Identity Through EU Cultural Policy," *European Journal of Social Theory*, 5 (2002): 435 – 451.

② 卡西·布里克伍德：《信息社会中的文化政策与就业》，http//www. recap. nl/cathy/pdf。

③ 大卫·赫斯蒙德夫：《文化产业》，张菲娜译，中国人民大学出版社，2007，第 123 ~ 154 页。

④ 杨吉华：《文化产业政策研究》，博士学位论文，中共中央党校，2007，第 30 ~ 44 页。

⑤ 吴慧勇：《文化产业与政策研究》，《理论月刊》2010 年第 3 期，第 59 ~ 61 页。

⑥ 贾旭东：《文化产业金融政策研究》，《福建论坛》（人文社会科学版）2010 年第 6 期，第 41 ~ 51 页。

⑦ 李木贵：《促进文化产业发展的税收政策研究》，《税务研究》2010 年第 9 期，第 9 ~ 13 页。

文化政策进行了分析。① 张培奇则从公共政策角度对文化产业政策变迁进行了梳理。② 对国外文化政策的研究主要集中在美国、日本、韩国、欧盟等。最后，关于文化产业政策的区域研究。文化产业政策的区域研究更具针对性。冉玉③，徐虎、丁媛④等则对河南的文化产业政策进行了探讨。

一　文化产业发展的政策需求

（一）文化产业发展的政策环境不断得以优化

随着国内外经济形势的变化和全面建设小康社会进程的推进，我国社会对文化的需求呈现新的发展趋势。我国文化产业也面临着历史性的发展机遇和广阔的拓展空间。2011 年 10 月，国务院颁发《关于支持河南省加快建设中原经济区的指导意见》，明确提出将打造华夏历史文明传承创新区作为中原经济区五大战略定位之一。2014 年河南省又出台《河南省人民政府办公厅关于进一步促进服务业发展若干政策的通知》《河南省新型文化业态发展专项资金管理使用办法》等多项政策文件，促进河南文化产业的发展。2016 年 6 月，河南省出台的《河南省支持文化企业发展和经营性文化事业单位转企改制的若干政策》进一步优化文化改革发展环境，积极稳妥地推进河南省经营性文化事业单位转企改制工作，支持文化企业加快发展，推动文化产业成长为国民经济支柱性产业。总之，我国从国家到地方都出台了不少促进文化产业发展的政策措施，虽然也存在政策的针对性不强、政策

---

① 杨吉华：《改革开放以来我国文化产业政策实践的回顾与反思》，《上海行政学院学报》2006 年第 6 期，第 77～81 页。

② 张培奇：《十年来我国文化产业政策变迁研究（1997～2007）》，硕士学位论文，上海交通大学，2009。

③ 冉玉：《河南文化产业政策的实施策略分析》，《中国商论》2013 年第 16 期，第 36～37 页。

④ 徐虎、丁媛：《河南省文化产业政策分析》，《中共郑州市委党校学报》2013 年第 4 期，第108～110 页。

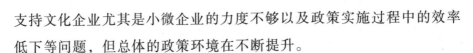

支持文化企业尤其是小微企业的力度不够以及政策实施过程中的效率低下等问题，但总体的政策环境在不断提升。

（二）文化产业发展中的政策需求

1. 文化产业在发展的初期需要政策的介入与支持

文化产业是以内容为核心、强调创意的产业。注重创意、求新求变是文化内容创作的特点。文化产业尤其是文化创意产业的发展还处于初期阶段，强调创意、创新，却还远未形成促进创新和创意发展的市场条件和环境；强调自主知识产权和原创性的研究和发明，却还未建立关于知识产权的有力有效的保障制度等，因而完全由市场机制来决定文化创意产品的供求及文化创意产业的发展还存在制度、市场体系不健全，市场的发育程度不高以及市场的竞争机制还不完善等诸多问题的困扰。因此，制定和实施必要的产业政策和法律法规是保障文化创意产业在现阶段健康发展的必要条件。

2. 文化产业的深入发展需要文化产业政策的介入与支持

不同时期、不同地区文化产业发展的资源禀赋状况有着千差万别。比如有的地区拥有着独特的历史文化资源或民族文化资源，而有的地区拥有着雄厚的人力优势或技术优势等。此外，随着文化产业的深入发展，产业政策的重点也需要有所转变。比如，为保证文化产业的健康良性发展，当文化产业发展受制于体制的阻滞之时，若要发展文化产业，需要将文化体制改革摆在首位；而当互联网、数字技术的发展对文化产业发展的影响越来越大之时，则需要通过政策支持新兴文化产业的发展。再比如，当我们将国内市场作为主要方向时，政策的支持要针对国内消费者，而随着文化产业竞争力提升，我们将目光转向国际市场时，政策的支持也要发生变化。因此，考虑到文化产业的发展和不同地区的实际情况，相关的文化产业政策也需要随之发生变化，以适应不同的需求。

3. 文化的双重属性使得文化产业的发展需要政策的介入与支持

文化具有商品和公共品双重属性。一方面，文化产品具有商品的一般属性，它是一种以提升人们精神生活为目的的特殊商品；另一方面，它又具有公共品的特殊性。作为纯公共品的文化产品应由政府通过公共预算来提供或由非营利组织提供；而作为商品的文化产品应当进入市场，由市场机制进行调节供求；作为准公共品的文化产品则既可以由文化事业部门提供，也可以在适当的情况下部分引入市场机制。而无论是作为公共产品的文化产品、作为商品的文化产品，还是作为准公共品的文化产品，都需要相关的法律法规、制度和产业政策来规范供给。

4. 文化制度方面存在的问题需要政策的有效补充

自文化体制改革开始，文化制度方面的改革和建设就是促进文化产业发展的重要推动力量。然而，由于文化产业所涉及的行业众多，随着互联网与数字技术的进步，新兴文化业态不断涌现。与现实中文化产业的发展相比，国家对文化制度的建设显得相对滞后，相关法律法规也难以面面俱到。与发达国家比较，我国在文化制度建设方面仍然存在一定的薄弱环节。主要表现为文化制度建设方面不系统、不规范、不健全、不稳定、不细致等。[①] 文化制度建设方面的滞后与不足制约了文化产业的更快发展，因而政府出台的产业支持政策在现阶段可以在一定程度上弥补制度建设方面的不足，是制度建设的有效补充。

二　文化产业政策的构成与特点

产业政策是国家或地方政府系统设计的有关产业发展和产业结构

---

① 张根海、郝立英：《中国文化产业发展：现状、问题与对策》，《学术论坛》2013 年第 10 期，第 167 ~ 170 页。

演变的政策目标和政策措施的总和，是从产业发展的全局着眼而系统设计的较完整的政策体系。文化产业政策是指国家或地方根据特定的文化产业发展问题及文化产业发展规模的基本要求，对文化产业行为进行规范、引导、激励、约束的规定。文化产业政策通过影响产业环境和市场信息，直接或间接激励或约束微观主体活动，使之与国家或地区的调控目标相吻合。①

（一）文化产业政策的构成

文化产业政策的构成分类有多种。比如本书按功能将文化产业政策分为体制机制改革政策、人才政策、金融财政政策、奖励鼓励政策以及国际贸易政策等。按照政策的侧重点可以将文化产业政策分为战略规划政策、开发策略政策、财税金融政策以及制度保障政策等。而按照政策颁布的主体又可以将文化产业政策分为人大颁布的政策、国务院颁布的政策以及地方政府颁布的政策等。

在这里，按照功能将其分为以下几种政策。

1. 体制机制改革政策

首先，当前文化体制改革最核心的部分在于对文化企业这一市场主体的培育，尤其是国有文化企事业单位作为市场主体的改革。其次，构建统一开放、竞争有序的现代文化市场体系，创新文化管理体制也是改革的重点内容。再次，逐步形成结构合理、科技含量高、富有创意、竞争力强的文化产业体系，推动文化与科技的深度融合，大力发展新兴文化产业。最后，积极促进文化产业与旅游、体育、信息等产业的融合发展，延伸产业链，提高盈利能力。

2. 人才政策

文化产业竞争的核心是人才的竞争。人才政策就是要造就大量高

---

① 张京成、沈晓平、张彦军：《中外文化创意产业政策研究》，科学出版社，2013。

素质的文化人才队伍，建立和完善文化人才的培训和培养机制，为文化产业的发展提供创意、技术和管理人才，同时加大人才引进的力度，创造优惠条件和良好投资、从业环境，吸引和鼓励大量高素质人才进入这一领域。

3. 金融财政政策

文化产业的发展离不开资金的支持，然而文化产业重创意、轻资产的特点使得文化企业，尤其是中小文化企业难以获得资金的支持。因此国家和河南省的财政政策、税收政策、投融资政策、信贷政策、授信模式政策、保险政策以及其他相关配套政策的建立和完善有利于文化企业解决资金的难题。

4. 奖励鼓励政策

政府可以采用放宽市场准入、简化审批手续以及设立文化产业专项资金等方式奖励和鼓励非公有资本进入文化产业，鼓励个人进入动漫、文化艺术表演、互联网等领域，充分发挥引导、扶持、推动、调控和服务作用，提高文化市场的活力，帮助企业提升竞争力。

5. 对外贸易政策

文化产品的对外贸易已经成为国际贸易的一个重要组成部分。文化产品既要"引进来"，也要能够"走出去"。通过文化产品的进出口管理和文化领域内外资引入的相关政策，为实现文化的交流，帮助国内优秀文化产品和文化作品走出国门提供指导和支持。

6. 公共文化政策

文化产业政策既是产业政策的重要组成部分，又是以文化产业这一具体的产业作为作用对象的一种特殊的产业政策。文化产业政策的目标不单纯是追求速度、产值等经济目标，同时也是对政治、文化、社会等综合目标的全面考虑，涉及构筑国家文化安全、满足公民精神文化需求等各个方面的问题。文化产业政策的这种特点决定了在制定文化产业政策的过程中，一方面要遵循产业发展的一般规律，另一方面要遵循文化产业发展的特殊规律，体现文化作为公共品的特殊性。

7. 知识产权保护政策

知识产权是文化产业发展的基础。随着互联网技术和数字技术的发展，信息、内容等文化产品的传播和复制更为简单和便捷，而版权、创意等又是文化企业的核心资产，它影响和决定着一个文化企业的核心竞争力，因而知识产权保护在文化产业的发展中处于非常基础和重要的地位。知识产权保护政策的制定和完善是文化产业健康有序发展的重要前提和基础。

（二）文化产业政策的特点

文化产业政策是指导文化产业发展方向、规划文化产业发展目标、调节文化产业及相关产业之间的关系、引导微观经济活动的综合政策体系。具体地，文化产业政策具有战略性、综合性、多样性、广泛性、公共性和创新性等特点。

1. 战略性与综合性

文化产业政策是国家和地方政府产业政策和产业总体规划的重要组成部分，因此，文化产业政策的制定是在国家和地方政府产业总体规划的基础上开展的，涉及文化产业的总体发展方向，发展目标，发展重点、难题及保障措施等多方面。不同时期由于国家和地方政府战略发展规划的不同，文化产业的政策也会依据各个时期的经济发展战略做出相应的调整，体现国家和地方政府的总体政策目标。比如在不同的时期，河南文化产业政策的方向和重点就有所不同。1992年之前主要集中在文化事业单位的体制改革方面，之后主要集中在文化市场的管理方面，2005年之后河南明确提出大力发展文化产业的战略，文化产业政策也在这一时期密集出台，2010年之后，则更集中在对新兴文化产业的扶持和发展上。

综合性是文化产业政策的另一特点。文化产业政策的内容较为繁杂，诸如体制改革、金融财政支持、人才培养与引进、奖励与鼓励以及公共文化等都是文化产业发展政策的重要内容，也涉及较多的部门和机构，比如文化、广播、电视、旅游、新闻、财政、金融、文化事业部门以及人力资源部门等。因此文化产业政策的制定需要综合考虑到多部门、多机构的合作与协调，更需要考虑到文化产业不同行业之间的综合需求、发展特点及相互影响，以提高文化产业政策实施的效率。

2. 多样性与广泛性

文化产业涵盖和涉及的行业众多，2004 年我国国家统计局公布的《文化及相关产业分类》中更是罗列了包括新闻出版、广播影视、网络、文化休闲、娱乐、文化设备生产等诸多行业。2018 年，国家统计局在"文化及相关产业分类"中指出，文化产业包括新闻信息服务、内容创作生产、创意设计服务、文化传播渠道、文化投资运营和文化娱乐休闲服务以及文化辅助生产和中介服务、文化装备生产和文化消费终端生产（包括制造和销售）等活动。文化产业政策涉及诸多的文化行业和领域，与此同时，文化产业政策也要涉及人力资源、金融、财政等相关部门。因此，多样性是文化产业政策的重要特点。

文化产业的生产主体既有规模较大、拥有高新技术的大企业，也有小规模、依靠个人创作和传统技艺发展的中小市场主体。这些市场主体对文化政策的各个方面都有着不同的期望和诉求。因此，文化产业政策要涉及的企业主体具有广泛性。

3. 公共性与创新性

文化具有商品和公共品双重属性。一方面，文化产品具有商品的一般属性，它是一种以提升人们精神生活为目的的特殊产品；另一方面，它又具有公共品的特殊性。因此，公共性是文化产业政策的制定中必然要考量的重要因素。文化产业政策又是以"文化"这一特殊的作用对象为基础的。从这个角度来讲，文化产业政策也是一种特殊的产业政策，其目标不单纯是追求速度、产值等经济目标，同时也是对政治、文化、社会等综合目标的全面考虑，涉及构筑国家文化安全、满足公民精神文化需求等各个方面的问题。文化的双重属性决定了在文化产业政策的制定中既要遵循产业发展的一般规律，也要考量文化产业发展的特殊性，体现文化的特殊要求。

产业政策的创新性是由文化产业的创新性赋予的。文化产业是以内容为核心、强调创意的产业。可以说创新是文化产业不断发展的根本动力。文化产业的创新性还体现在文化产业与其他产业有较强的共生性和融合性上。随着新技术的运用，文化产业正不断发展出一系列新兴文化业态。文化产业政策是针对文化产业这一特殊产业发展的战略规划与综合措施，因此，结合文化产业发展的不同基础、不同层次、不同阶段，制定符合文化产业创新性的产业政策，加大文化产业创新的支持力度，有利于促进新兴文化产业及其关联产业发展，提升文化产业的区域竞争力。

第二节　河南的文化产业政策

从 2005 年《河南省建设文化强省规划纲要》及《中共河南省委、河南省人民政府关于大力发展文化产业的意见》的出台，到 2012 年党的十八大报告指出，"要坚持把社会效益放在首位、社会效益和经济效益相统一，推动文化事业全面繁荣、文化产业快速发展"；从 2015 年 11 月，党的十八届五中全会审议通过《中共中央关于制定国民经济和社会发展第十三个五年规划的建议》，进一步明确提出"坚定文化自信，增强文化自觉，加快文化改革发展，加强社会主义精神文明建设……建设社会主义文化强国"，再到 2016 年 6 月《河南省支持文化企业发展和经营性文化事业单位转企改制的若干政策》的颁布：众多文化产业政策持续不断地推出，为河南文化产业的发展起到了积极的推动作用。但在文化产业政策的制定和实施过程中，也不可避免地存在不少的问题。

一　河南文化产业政策措施

为促进文化产业的发展，国务院、文化部以及河南省委、省政府等不断提出加强文化产业发展的理论、制度与政策法规。在这里笔者首先分阶段对与河南文化产业发展相关的政策加以介绍。

（一）2005 年之前的河南文化产业政策

改革开放以来，河南文化事业的投入随着经济实力的提升不断得以提高。改革开放之初，河南文化政策总体而言比较少，侧重点主要集中在"文化事业"方面，比如在文化事业单位内部实行承包经营责任制等政策（具体见表 6 - 1）。

表 6 - 1　2005 年之前国家颁布的主要文化政策

政策名称	颁布主体	颁布时间	主要内容关键点
《关于建立第三产业的统计报告》	国家统计局	1985 年	将文化产业列入第三产业
《关于文化事业单位开展有偿服务和经营活动的暂行办法》	财政部、文化部、国家工商总局	1987 年 2 月	鼓励文化事业单位提供多种服务、提高服务质量等
《关于加强文化市场管理工作的通知》	国家工商局、文化部等	1988 年	界定"文化市场"的范畴等
《音像制品管理条例》	国务院	1994 年 8 月	加强音像制品的管理，促进音像事业发展
《广播电视管理条例》	国务院	1997 年 8 月	加强广播电视管理，发展广播电视事业

政策名称	颁布主体	颁布时间	主要内容关键点
《传统工艺美术保护条例》	国务院	1997年5月	保护传统工艺美术，促进其繁荣与发展
《文化市场稽查暂行办法》	文化部	1994年11月	加强文化市场管理，维护市场的正常秩序
《印刷业管理条例》	国务院	2001年8月	加强印刷业管理、维护企业合法权益与社会公共利益
《出版管理条例》	国务院	2001年12月	加强对出版活动的管理，发展出版事业
《中华人民共和国文物保护法实施条例》	国务院	2003年5月	保护文物
《中共中央关于制定"十五"规划的建议》	党的十一届五中全会	2000年10月	"文化产业"被正式提出
《国家"十五"时期文化发展规划纲要》		2001年	确定我国文化产业发展的基本方针、和基本任务等
《互联网文化管理暂行规定》	国务院	2003年3月	促进互联网文化健康有序发展
《关于支持和促进文化产业发展的若干意见》	文化部	2003年9月	促进文化产业发展的基本思路、主要措施等
《关于支持文化事业发展若干经济政策的通知》	国务院	2000年12月	改革和完善宣传文化管理体制与内部经营机制等
《关于进一步完善文化经济政策的若干规定》	国务院	1996年	加大财税支持力度，调整和完善现有文化经济政策

资料来源：国家文化产业网、文化部网站、河南文化网、河南文化厅网站等。

总体而言，2005年之前的文化政策侧重点主要集中在文化事业单位的体制改革方面，比如1985年颁布的《文化事业单位开展有偿服务和经营活动的暂行办法》就鼓励各文化事业单位提供多种服务，扩展文化服务范围、提高服务质量等。1992年社会主义市场经济体制改革方向的提出也使得文化产业的市场化框架得以确立，之后国务院颁布了大量针对音像市场、电影电视广播以及印刷业、出版业等文化产业的管理条例，加强文化市场的管理，促进相关文化产业的规范发展。2000 年，党的十一届五中全会上正式提出"文化产业"，之后，文化产业政策出台的频率越来越高，涉及面越来越广，政策的延续性也越来越明显。这一时期，以各种规划的形式出现的文化产业政策较多。

这一阶段，河南省文化政策的侧重点与国家文化政策的步调较为一致。1992 年之前主要集中在文化事业单位的体制改革方面，之后结合河南的实际情况主要集中颁布了大量针对文物古迹、广播电视以及印刷业、出版业等文化产业的管理条例，加强文化市场的管理，促进河南文化产业的规范发展。2000 年之后至 2005 年之前，河南出台文化产业政策较之前针对性更强，涉及面也更广，比如针对计算机网络远程工作站、电子游戏经营场所等的管理条例（见表 6 - 2）。然而无论是政策颁布的数量还是影响力均落后于发达地区。

表 6 - 2　2005 年之前河南颁布的主要文化产业政策

政策名称	颁布主体	颁布时间	主要内容关键点
《河南省文物保护法实施办法（试行）》	河南省人大常委会	1984 年 2 月	加强文物保护管理
《郑州市文化市场管理条例（试行）》	郑州市人大常委会	1991 年 9 月	维护文化市场秩序，加强文化市场管理等
《洛阳市文化娱乐市场管理条例》	河南省人大常委会	1993 年 11 月	加强文化娱乐市场管理，维护文化娱乐市场秩序
《河南省文化市场管理条例》	河南省人大常委会	1995 年 4 月	加强文化市场管理等
《关于进一步整顿和规范文化市场秩序的通知》	河南省政府办公厅	2001 年 9 月	文化市场秩序的整顿与规范

政策名称	颁布主体	颁布时间	主要内容关键点
《河南省古代大型遗址保护管理暂行规定》	河南省人民政府	1995 年 5 月	加强古代大型遗址的保护和管理
《洛阳市龙门石窟保护管理条例》	洛阳市人大常委会	1999 年 5 月	结合法律和实际,加强龙门石窟的保护和管理
《河南省安阳殷墟保护管理条例》	河南省人大常委会	2001 年 10 月	结合法律和实际,加强殷墟的保护和管理
《河南省广播电视管理条例》	河南省人大常委会	1997 年 5 月	结合法律和本省实际,加强广播电视的管理和发展
《河南省包装装潢印刷业监督管理办法》	河南省人民政府	1998 年 12 月	加强包装装潢印刷业的管理,维护经营者的合法权益和社会公共利益
《河南省印刷业治安管理办法》	河南省人民政府	1999 年 1 月	加强印刷业治安管理,保护经营者合法权益
《关于进一步加强省政府计算机网络远程工作站管理的通知》	河南省人民政府办公厅	2000 年 5 月	加强管理,保障计算机网络远程工作站高效安全畅通地运行
《转发省文化厅等部门关于在全省开展电子游戏经营场所专项治理实施意见的通知》	河南省人民政府办公厅	2000 年 8 月	加强电子游戏经营场所的监督管理,彻底解决其存在的问题

资料来源:河南文化网、河南文化厅网站等。

(二)2005～2010年的河南文化产业政策

2005 年是河南文化产业快速发展的布局之年。2005 年,文化体制和机制的改革进入了调整、完善和反思的阶段,中央也明确提出将"大力发展文化产业"(相关政策见表 6 - 3)。在这一环境下,河南也提出了结合河南实际情况,大力发展文化产业的战略。2005 年,河南省委、省政府出台了《中共河南省委、河南省人民政府关于大力发展文化产业的意见》,意见中明确指出以文化资源为依托,以结构调整为主线，大力发展新闻出版等主导文化产业、网络服务业等新兴文化产业以及文化娱乐业等社会文化产业，发展一批龙头企业和产业集群、培育一批知名文化品牌、建立一批具有地域优势的文化产业基地，将文化产业打造成为河南省国民经济的重要支柱产业之一。其后，河南省又出台了《河南省建设文化强省规划纲要》《中共河南省委、河南省人民政府关于加快文化资源大省向文化强省跨越的若干意见》以及《中共河南省委、河南省人民政府关于进一步深化文化体制改革加快文化产业发展的若干意见》等一系列文化产业政策（更多的政策见表6-4）。

表6-3　2005～2010年国家颁布的主要文化政策

政策名称	颁布主体	颁布时间	主要内容关键点
《关于文化体制改革试点中支持文化产业发展若干税收政策问题的通知》	财政部、海关总署、国家税务总局	2005年3月	对试点文化企业免收企业所得税及一系列税收优惠做出了规定
《关于加强文化产品进口管理的办法》	中宣部、文化部、国家广电总局、新闻出版总署、商务部、海关总署	2005年8月	加强和改进文化产品进口管理，切实保护知识产权，提高对外开放水平，维护国家文化安全
《关于文化领域引进外资的若干意见》	文化部等五部委	2005年7月	规范外资引进，提高利用外资的质量和水平，维护国家文化安全
《关于非公有资本进入文化产业的若干决定》	国务院	2005年4月	引导和规范非公有资本进入文化产业，逐步形成以公有制为主体、多种所有制共同发展的格局
《关于鼓励发展民营文艺表演团体的意见》	文化部、财政部、人事部、国家税务总局	2005年11月	文化体制改革和文化产业发展全局的制度创新，为民营文艺表演团体的成长营造良好的政策环境
《互联网著作权行政保护办法》	国家版权局、信息产业部	2005年4月	加强互联网信息服务活动中信息网络传播权的行政保护，规范行政执法行为

续表

政策名称	颁布主体	颁布时间	主要内容关键点
《娱乐场所管理条例》	国务院	2006 年 1 月	娱乐场所的设立、经营、监督管理
《互联网视听节目服务管理规定》	国家广电总局、信息产业部	2007 年 12 月	规范互联网视听节目服务秩序，促进其健康有序发展
《文化产业振兴规划》	国务院	2009 年 7 月	文化产业指导思想、发展思路、目标、重点任务、政策和保障措施
《中华人民共和国著作权法》	全国人大常委会	2010 年 2 月	著作权
《关于金融支持文化产业振兴和发展繁荣的指导意见》	中国人民银行、中宣部等九部委	2010 年 4 月	金融支持文化产业发展繁荣
《关于加快培育和发展战略性新兴产业的决定》	国务院	2010 年 10 月	将文化创意产业纳入战略性新兴产业

资料来源：国家文化产业网、文化部网站、河南文化网、河南文化厅网站等。

表 6 - 4 2005 - 2010 年河南出台的文化产业政策

政策名称	颁布主体	颁布时间	主要内容关键点
《河南省建设文化强省规划纲要》	河南省人民政府	2005 年 7 月	规划 2005 ~ 2010 年的文化建设，同时对 2010 ~ 2020 年文化建设进行宏观概述
《中共河南省委、河南省人民政府关于大力发展文化产业的意见》	河南省委、河南省人民政府	2005 年 7 月	大力发展文化产业，实现从文化资源大省、文化大省向文化产业大省、文化强省的跨越
《关于加快文化资源大省向文化强省跨越的若干意见》	河南省委、河南省人民政府	2007 年 12 月	明确了文化强省的奋斗目标、"两步走"战略和保障措施
《河南省人民政府关于支持省级文化改革发展实验区建设的若干意见》	河南省委、河南省人民政府	2009 年	提出加快文化体制改革、促进文化产业集聚发展及实行财税扶持、人才支持等

续表

政策名称	颁布主体	颁布时间	主要内容关键点
《关于加快推进 2009 年重点改革的指导意见》	河南省人民政府	2009 年 5 月	加快文化体制改革，推动文化改革实验区建设，形成比较完备的文化创新体系、公共文化服务体系、现代文化市场体系
《关于进一步繁荣发展少数民族文化事业的实施意见》	河南省人民政府办公厅	2010 年 8 月	发展少数民族文化事业的指导思想、基本原则、目标、政策措施等
《关于进一步加强自然文化保护区管理工作的通知》	河南省人民政府办公厅	2008 年 7 月	通过编制规划、项目审批、专项治理、部门联动机制等加强对各类自然文化保护区的保护管理
《关于进一步做好非物质文化遗产普查工作的通知》	河南省人民政府办公厅	2009 年 4 月	开展非物质文化遗产普查的工作通知和动员

资料来源：国家文化产业网、文化部网站、河南文化网、河南文化厅网站等。

　　这一时期，在理论层面上，文化产业发展的指导思想、发展思路更为明确，文化产业在国民经济中的地位也得到了巩固和提升，文化产业已经成为国家的战略性产业。与此同时，针对互联网、娱乐场所、电影电视等不同文化产业管理条例的出台规范了文化产业的生产经营活动，有利于促进其健康有序地发展。此外，文化产业政策还涉及文化产业发展中税收、文化产品的进口以及非公有资本的进入、金融支持等问题。

　　河南省在这一阶段更为重视文化产业的发展，既出台了文化产业发展的总体战略规划，比如《河南省建设文化强省规划纲要》规划了2005～2010 年的文化建设，同时对 2010～2020 年的文化建设进行了宏观概述，也颁布了不少针对河南文化产业发展的具体措施，比如《河南省人民政府关于支持省级文化改革发展实验区建设的若干意见》提出加快文化体制改革、促进文化产业集聚发展以及实行财税扶持、人才支持等。这一时期，河南不断加快文化体制改革，推动文化改革试验区的建设，致力于为文化产业的发展提供一个有利的制度与政策环境。

（三）2011 年之后的河南文化产业政策

2011 年之后，国家又陆续出台了《中共中央关于深化文化体制改革、推动社会主义文化大发展大繁荣若干重大问题的决定》等多个文化产业政策，提出要继续深化体制改革，推动文化产业的跨越式发展。与此同时，政策的关注点更多地集中在为文化产业的发展提供更为健康有序的外部环境上，比如《关于清理整顿各类交易场所的实施意见》《出版物市场管理规定》《文化产业发展专项资金管理暂行办法》等一系列管理规定。此外，2011 年是"十二五"的开局之年，《国家"十二五"时期文化改革发展规划纲要》《新闻出版业"十二五"时期发展规划》等指导文化产业发展思想、思路、目标、任务的规划陆续出台（见表 6－5）。

表 6－5　2011 年之后颁布的部分国家文化产业政策

政策名称	颁布主体	颁布时间	主要内容关键点
《中共中央关于深化文化体制改革、推动社会主义文化大发展大繁荣若干重大问题的决定》	十七届中央委员会	2011 年 10 月	深化文化体制改革、推动社会主义文化大发展大繁荣
《国家"十二五"时期文化改革发展规划纲要》	中共中央办公厅、国务院办公厅	2011 年	推动文化产业跨越式发展，逐步将文化产业发展为国民经济支柱性产业
《"十二五"时期文化产业倍增计划》	文化部	2012 年	明确了"十二五"时期文化产业指导思想、发展思路、目标、主要任务、重点行业和保障措施

政策名称	颁布主体	颁布时间	主要内容关键点
《出版物市场管理规定》	新闻出版总署、商务部	2011 年 3 月	规范和监督管理出版物发行等活动
《新闻出版业"十二五"时期发展规划》	新闻出版总署	2011 年 4 月	鼓励数字出版等新兴产业的发展，鼓励企业跨区域跨行业跨所有制经营和重组等
《中华人民共和国电影产业促进法（征求意见稿）》	国务院	2011 年 12 月	降低市场准入门槛，通过采取财政、税收、金融、用地等政策支持企业等从事电影活动
《关于清理整顿各类交易场所的实施意见》	国务院	2012 年 7 月	对各类交易场所清理整顿工作的范围、政策界限、安排等做明确规定
《文化产业发展专项资金管理暂行办法》	财政部	2012 年 4 月	规范和加强文化产业发展专项资金管理，提高资金使用效益
《关于推进文化创意和设计服务与相关产业融合发展的若干意见》	国务院	2014 年	增强创新动力、人才培养等更具针对性的措施
《关于促进智慧城市健康发展的指导意见》	国家发改委、工信部等八部委	2014 年 8 月	促进智慧城市发展的指导思想、原则、目标及其措施等

资料来源：国家文化产业网、文化部网站、河南文化网、河南文化厅网站等。

这一时期，文化产业作为"国民经济支柱性产业"得到了更多的关注和政策支持，同时针对前一阶段文化产业发展中存在和暴露出的一些问题进行了修订和完善，政策的支持也更加细化和具体。

中央制定的文化产业政策是河南省制定文化产业政策的重要依据，当然，河南的文化产业政策还需要根据自身的实际情况和文化产业的发展状况来制定。这一时期，河南省也出台了多个文化产业政策（见表 6-6 和表 6-7）。

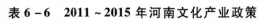

表6-6　2011～2015年河南文化产业政策

政策名称	颁布主体	颁布时间	主要内容关键点
《关于转发2011年加快文化发展工作方案的通知》	河南省人民政府办公厅	2011年3月	总体思路、目标、主要任务、政策及保障措施
《关于促进动漫产业发展的意见》	河南省人民政府办公厅	2011年5月	指导思想、发展目标、政策措施等
《关于批转河南省文化产业发展战略重点方案的通知》	河南省人民政府	2013年2月	战略重点及保障措施
《关于批转河南省文化产业"双十"工程实施方案的通知》	河南省人民政府	2013年6月	总体要求，选定条件和办法
《关于支持登封市建设华夏历史文明传承创新示范工程的指导意见》	河南省人民政府	2014年5月	支持登封市建设华夏历史文明传承创新示范工程的意见及支持保障措施
《关于加快发展体育产业促进体育消费的实施意见》	河南省人民政府	2015年7月	指导思想、发展目标、重点任务、政策措施等
《河南省文化创意和设计服务与相关产业融合发展规划（2015～2020年）》	河南省人民政府	2015年8月	发展思路、基本原则、发展目标、发展重点、保障措施
《关于印发河南省"互联网＋"行动实施方案的通知》	河南省人民政府	2015年10月	明确实施11大行动和43个重点专项，旨在推动互联网与各行业融合发展
《关于创新机制全方位加大科技创新投入的若干意见》	河南省人民政府	2014年	建立健全科技投入保障机制，全方位加大科技投入，加快实施创新驱动发展战略
《关于省级财政性涉企资金基金化改革的实施意见》	河南省人民政府	2015年3月	推进省级财政性涉企资金基金化改革
《关于加快自主创新体系建设促进创新驱动发展的意见》	河南省委省政府	2013	加快自主创新体系建设、促进创新驱动发展
《河南省非物质文化遗产保护条例》	河南省人大常委会	2013年9月	保护非物质文化遗产

政策名称	颁布主体	颁布时间	主要内容关键点
《关于加快智慧旅游城市建设的实施意见》	郑州市	2013年10月	智慧城市建设的背景、指导思想、基本原则及措施等
《文化科技创新工程实施方案》	河南省科技厅、宣传部等	2015年10月	提出培育发展新兴文化产业、提高文化科技服务能力、加强创新环境建设等方案与相应的保障措施

资料来源：国家文化产业网、文化部网站、河南文化网、河南文化厅网站等。

表6-7 2016年河南省出台的文化产业政策

政策名称	颁布主体	颁布时间	主要内容关键点
《河南省支持文化企业发展和经营性文化事业单位转企改制的若干政策》	河南省人民政府办公厅	2016年6月	从工商管理、土地供给、财政税收、金融投资、社会保障、人才等方面制定的支持政策
《关于支持戏曲传承发展的实施意见》	河南省人民政府办公厅	2016年	推动戏曲传承发展
《全省文化工作要点》	河南省文化厅	2016年2月	加快构建现代公共文化服务体系、优秀文化文艺产品生产与推广体系、现代文化市场体系、文化产业发展体系、优秀传统文化传承保护体系、文化合作交流体系等
《关于加快科技服务业发展的若干意见》	河南省人民政府	2016年2月	加快科技服务业发展，推动科技创新和科技成果转化，促进科技经济深度融合

资料来源：中国经济网、河南文化厅网站等。

除了表6-6和表6-7中所列出的政策外，河南省还依据国家的战略规划和发展重点，结合河南自身的基础和市场需求，编制了河南省的《"十三五"文化改革发展规划》《河南省文物事业"十三五"发展规划》《河南省文化系统"十三五"时期文化产业发展规划》

《河南省文化系统"十三五"时期人才队伍建设规划》等规划，为文化产业的后续发展做出引导。同时，编制出台《艺术生产发展规划（2016～2018）》《非物质文化遗产保护培训规划（2016～2018）》《上网服务行业发展规划（2016～2018）》《"一带一路"文化交流规划（2016～2018）》等有关公共图书馆、文化馆事业发展和公共数字文化建设等的专题规划细则。通过文化产业的总体规划与各相关产业的规范细则的制定、实施与落实，努力形成总体规划、专项规划和区域规划衔接配套的规划体系，为河南省文化产业未来五年的发展提供政策支持和引导。

在国家大力推动文化产业发展的情况下，河南省政府也加大了促进文化产业发展的力度，这从上述文化产业政策的介绍中可窥一斑。总体而言，这一阶段河南省非常重视当地文化产业优势的发挥，随着国家将文化产业作为"国民经济的支柱产业"，河南省也将其作为文化产业发展的核心目标。各相关产业"十二五""十三五"规划的出台、民营资本进入文化产业、新兴文化产业的发展等已经成为文化产业发展的新动向和新趋势。与此同时，从国家层面、中央各部委到河南省政府及各相关部门都致力于共同构建和完善文化产业发展的框架和体系。

二 河南省文化产业政策分析

下面我们分别从行业、功能、部门和时间的角度研究河南省文化产业政策的构成。

（一）按行业来看河南文化产业政策的构成

行业是指从事国民经济中相同性质的生产或者对其他国家社会的经营单位或者个体的组织结构体系所进行的划分。根据 2018 年国家统计局制定的《文化及相关产业分类》，结合河南的实际情况和研究的需要，我们按照不同行业来考察河南文化产业政策的构成。

前面我们已经分阶段就国家及河南省颁布的文化产业政策进行了详细介绍，同时由于篇幅的限制和统计资料的不完全，我们也难以把所有的政策都一一涉及，因而，除了2016年之外，报告中所列举的文化产业政策主要集中在影响力较大的国家及河南省颁布的政策上。根据以上不完全统计，我们首先按照其涉及的行业对文化产业政策进行探讨。

从图6-1中我们可以看到，在政府出台的各项文化产业政策中，文化产业的总体规划与政策占比最大。除了发展规划外，针对文化体制改革、市场管理、金融支持等的领域也是政策出台较为密集的部分。另外，新闻出版作为传统文化产业的重要组成部分，相关政策较多，而以互联网、动漫等为代表的新兴文化产业也受到了越来越多的重视与关注，尤其是2010年后，针对文化创意产业及新兴文化产业的政策数量较之前有明显增加。

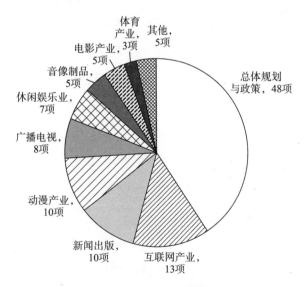

图6-1　文化产业政策的行业分布

（二）按功能来看河南文化产业政策的构成

河南省文化产业的成长迅速，在国民经济中也逐渐占据着越来越重要的地位。与此同时，河南文化产业的发展仍存在着许多结构性、深层次的问题，文化体制、人才、资金、市场等问题成为河南文化产业发展的阻碍。也正是在这样的环境下，一系列致力于解决或缓解资金、人才等压力的文化产业政策出台。

前面我们已经介绍过按功能分类的文化产业政策。其中，体制机制改革的政策是河南省文化产业政策的基础。当前，河南正处于文化产业发展的初期阶段，体制机制的深化改革能够解放生产力，解除阻碍文化产业发展的体制机制障碍。人才政策是文化产业，尤其是文化创意产业发展的核心。河南文化产业发展的未来一定程度上就取决于文化产业高素质人才的引进、培育与人才的创新能力。资金问题是当前河南文化产业发展中亟待解决的问题，仅仅财政的投入远远无法满足文化企业的资金需求，因而金融财政政策也是河南文化产业政策的重点。除资金之外，市场准入的放宽、市场活力的培育以及文化产业的走出去、文化品牌的培育、知识产权的保护等都是河南文化产业发展中备受关注的热点。这些也都一一反映在河南的文化产业政策中。另外，文化同时具有商品和公共品双重属性，因此除了文化产业外，文化事业方面，尤其涉及国家文化安全、满足公民精神文化需求等公共文化事业方面的政策也有不少。

在这里，我们主要考察了 2005 年以来的国家及河南省颁布的文化产业政策（构成情况见图 6 - 2）。其中，对于涉及体制机制改革、人才、金融财政等多个方面的文化产业政策，采用了分别计入各项政策的方法。比如，2016 年 6 月颁布的《河南省支持文化企业发展和经营性文化事业单位转企改制的若干政策》涉及工商管理、土地供给、财政税收、金融投资、社会保障、人才等方面，我们就将这一政策分别计入了体制机制改革、人才、金融财政以及奖励鼓励支持中。

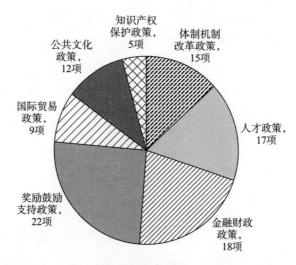

图 6 - 2　2005 年以来按功能划分的政策出台构成

（三）按部门来看河南文化产业政策的构成

下面我们按照政策发布的部门来对河南文化产业政策进行分类，在这里，我们将文化政策发布的部门分为五类，即人大及其常委会、国务院、河南省政府、国家各部委、各市或地区。由于统计资料的不完全，我们的政策主要针对前四类，各市或地区出台的文化产业政策涉及较少。

河南省地方政府是制定和发布各类文化产业政策的主体，所发布政策占 40% 左右，国务院与国家各部委次之，人大及其常委会和市级政府所占比例最小（见图 6 - 3）。这是由于，首先，河南省地方政府既是全省文化产业政策和规划的制定者，也是国务院及各部委文化产业政策的具体承接与实施者，在文化产业政策的制定与发布中占有重要的地位。与之相比，国务院及各部委的文化产业政策主要重视和关注文化产业发展中的方向与趋势，重视文化产业发展的顶层设计。其次，人大及其常委会主要职责是法律、法规等的制定，因此由人大及其常委会发布的文化产业政策主要集中在相关产业法律法规的制定方面。最后，各市及地区的文化产业政策主要是沿用、承接国家、各部委及省政府等制定和发布的政策，其制定和发布的文化产业政策本就较少。

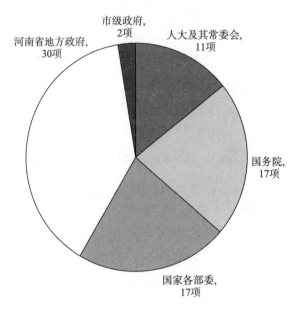

图 6 - 3 　按部门划分的出台政策数

（四）按时间来看河南文化产业政策的构成

从政策发布的时间来看，我国文化政策的发布主要是从 20 世纪 80 年代中期开始的，但 80 年代出台的政策主要是针对文化事业发展的，90 年代文化政策发布的数量明显增多，政策主要集中在文化市场秩序和各行业的管理方面。2005 年国家明确提出将"大力发展文化产业"之后，出台了一系列政策支持文化产业的发展，而河南省也相继出台了有关文化体制改革以及支持文化产业发展的政策规划。此后，大量文化产业政策相继出台，为河南省文化产业的发展提供了重要的政策基础。

根据不完全统计，我们按时间对文化产业政策展开分析。

总体而言，文化政策出台的数量是逐步上升的。尤其是 2005～2007 年，文化产业政策较为密集地出台，此外，2000 年后，文化产业政策出台的数量更是呈现明显上升的趋势（见图 6－4）。

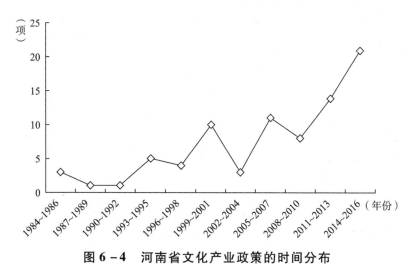

图 6－4 河南省文化产业政策的时间分布

第三节 河南文化产业政策实施中存在的问题

一 河南文化产业政策效果

有效的产业政策可以扶持或促进一国主导或先导产业的发展，从而改善产业结构，促进产业升级。文化产业政策是产业政策的一种，文化产业政策的制定与实施有助于文化产业的快速发展和竞争力的提升，也带来了产业结构的升级和经济结构的演进。

具体地，河南文化产业政策的制定与实施直接推进了河南文化产业的发展。

（一）河南文化产业的发展

河南省统计局发布的《2015 年河南省文化及相关产业发展情况分析》显示，2015 年河南全省文化产业及相关产业实现增加值

1111.87 亿元，同比增长 12.8%，占同年 GDP 的 3%，其中法人单位增加值首次突破千亿元大关。[①] 2014 年，河南文化产品生产的企业达到 1277 个，从业人员为 219533 人，资产在 1341 亿元以上。[②]

（二）河南文化产业发展基础的改善

1. 财政投入逐年增加

近年来，河南省逐步加大了文化投入的力度。2014 年河南文化体育与传媒方面的财政支出占河南省财政支出的 1.5%，达到 91.16 亿元。自 2008 年以来河南文化体育与传媒的财政支出不断上升，在不考虑物价上涨因素的情况下，2014 年的文化体育与传媒的支出比 2008 年增长 1 倍以上。此外，河南科学技术、教育等财政支出也不断增加，2014 年河南科学技术支出为 81.25 亿元，占财政支出的 1.3%，教育支出为 1201.38 亿元，占财政支出的 19.9%。[③]

2. 科技文化基础以及人才培养状况

河南在科技和文化实力方面的整体实力有了一定的提升。近年来，河南在科研教育方面的投入不断加大，2010～2014 年无论是 R&D 经费支出，还是 R&D 人员数、科研项目数、科研机构数、从事研发的企业数等均有增加。其中，2014 年 R&D 经费支出为 4091119 万元，比 2013 年增长 11.7%，是 2010 年的 1.86 倍；2014 年 R&D 人员数达到 232105 人，比 2013 年增长 7%。[④]

二　河南文化产业政策存在的问题

河南文化产业政策的制定和实施过程中，仍存在着不少问题。在

[①]　河南省统计局：《2015 年河南省文化及相关产业发展情况分析》，http://news.hexun.com/2016 – 08 – 29/185761273.html。

[②]　相关数据来源于《河南统计年鉴（2015）》。

[③]　相关数据来源于《河南统计年鉴（2015）》。

[④]　相关数据来源于《河南统计年鉴（2015）》。

这里，我们主要从文化体制改革、财税金融、文化产业的对外贸易、知识产权保护以及文化产业政策实施中的偏差等方面展开分析。

（一）文化体制改革不够深入，市场的培育有待加强

文化产业的发展离不开文化体制改革的深入。十八大报告中指出，我们要继续促进文化体制改革，以推动生产力的发展。著名经济学家刘易斯在《经济增长理论》中指出："我们对制度与经济增长一致性的研究得出了这样一个结论：制度对增长的促进取决于制度把努力与报酬联系起来的程度……以及制度允许寻求并抓住经济机会的自由。"河南文化体制改革不够深入，文化产业的市场化程度不高，主要反映在以下几个方面。

其一，市场主体的培育不够。目前河南大型国有文化企业已经逐步开展了转企改制，但在经营管理模式、经营理念的改变以及企业内部的激励与约束等方面的改革还有待深入，企业经营的效率和竞争理念还有待提升。再比如众多中小文化企业，尤其是中小创意文化企业的培育还有待加强，支持和引导力度需要进一步加大。

其二，新兴市场和新兴文化产业的培育有待加强。新兴市场的培育需要宽松的市场环境和良好的市场制度，而新兴文化产业的发展更需要大量多元化市场主体的参与。而目前文化体制的种种限制较多，某些文化行业仍存在明显的垄断经营，竞争和市场化程度显著不足。毫无疑问，这些问题影响着河南新兴文化产业和新兴市场的培育以及竞争力的提升。

其三，传统文化资源的利用效率有待提高。河南拥有悠久的历史，也拥有着丰富多彩的文化资源。历史上，先后有20多个朝代建都或迁都河南，仅仅被列入国务院先后三批评定的历史文化名城的就有洛阳、开封、安阳、商丘、南阳、郑州、浚县七个；许昌、登封、淮阳、偃师等也都是我国重要的历史文化城市。此外，河南文物丰富，遗址遍布；人杰地灵，名人辈出。独特的宗教文化、民俗文化等，也都是其文化资源的重要组成部分。文化资源的开发需要创意，创意的出现离不开人才的引进和培育。而僵化的竞争机制、人才引进政策和薪酬制度在很大程度会影响创意的出现和传统文化资源的利用。

（二）投入不足，文化产业投融资政策落实困难

其一，政府的投入不足。近些年来，河南对文化产业和文化事业的投入不断增加。2008～2014 年河南文化体育与传媒的财政支出总额分别为 41.46 亿元、58.67 亿元、54.99 亿元、57.54 亿元、69.63 亿元、80.78 亿元、91.16 亿元；科学技术支出总额分别为 30.44 亿元、35.50 亿元、44.67 亿元、56.59 亿元、69.64 亿元、80.00 亿元、81.25 亿元；教育支出总额分别为 444.03 亿元、526.14 亿元、609.37 亿元、857.14 亿元、1106.51 亿元、1171.52 亿元、1201.38 亿元。总体而言，河南文化产业和文化事业的投入力度逐年加大，但从增长幅度来看，政府对河南文化产业与文化事业方面的投入增长幅度较小，难以满足文化产业和文化事业发展的资金需求。比如，2008～2014 年河南文化体育与传媒支出占河南财政支出的比重分别为 1.8%、2.0%、1.6%、1.4%、1.4%、1.4% 和 1.5%；2008～2014 年科技支出占河南财政支出的比重分别为 1.3%、1.2%、1.3%、1.3%、1.4%、1.4%、1.3%；2008～2014 年教育支出占河南财政支出的比重则为 19.5%、18.1%、17.8%、20.2%、22.1%、21.0%、19.9%。[①] 从上述数据可见，无论是文化体育与传媒、科技投入还是教育投入，占财政支出的比重都没有明显变化，甚至还有所下降。此外，政府投入虽然对文化产业的发展发挥了重要的作用，但政府投入

---

① 相关数据来源于《河南统计年鉴（2015）》。

主要是针对公益性较强的公共产品和准公共产品，并主要用于投入大、风险高、回收期长、收益低的文化基础设施投资。

其二，文化产业投融资政策落实困难。产业发展需要多层次资金的支撑，但文化产业投资的特点使其难以获得资金的支持。一方面，由于文化产业前期投入较高，投资回收期较长，投资风险较大。以影视制作为例，前期需要大量的启动资金，产业链较长，影响投资回收的不确定因素较多，从产品制作到市场发行、票房及广告收入分配等，在各个环节都存在一定的风险。此外，文化产品创作、培育及成形的周期一般比较长，投资过程中先期投入的资金并不能产生集聚效益，往往处在投资收益率曲线的最低点，投资回收期更长，且投资回报依赖于市场化运作。文化产业高风险的投资特点使其难以吸引普通投资者的资金。另一方面，知识、创意等无形资产的投资构成文化产业投资的重要组成部分。文化产业投资结构的发展表现为：货币资本与其他智力、技术、信息等资本相融合。由此可见创意、知识、品牌、管理等在文化产品价值实现中发挥着重要的作用。而知识产权、版权、品牌价值等无形资产的评估制度和体系不健全，企业依靠这些无形资产难以在金融机构获得资金的支持。而金融机构的融资机制缺乏创新，相关金融产品较少，中介机构的发展不完善等问题也使得金融机构难以适应文化产业无形资产占比较大的现状。

其三，现行的文化产业扶持政策难以解决文化产业的资金难题。目前，河南针对文化产业的财税政策和金融支持政策的区分度不够。很多文化企业难以获得或享受到政策的优惠。此外，优惠力度不够，涉及的税种较少，优惠时间较短，手段缺少配合协调等问题也使得文化企业难以得到最有力的资金支持。

（三）文化产品"走出去"的政策效果有待提升

近年来，有不少政策涉及河南文化产品对外贸易的问题。政策的关注很大程度上促进了河南文化资源、文化产品"走出去"的步伐。但是这些政策也存在诸多的问题。

其一，政策的可操作性有待加强。比如在《关于进一步加强和改进文化产品和文化服务出口工作的意见》中，提出的鼓励和扩大文化产品出口的政策就多是引导性和方向性的，可操作性和可实施性还有待加强。

其二，政府部门的协调性有待提高。一般而言，文化产品的出口涉及国家和地方的多个部门，比如文化、对外经贸、海关以及宣传等。如何协调和实现多个部门的有效合作是一项颇为繁重的工作。其中的协调配合无法做好，会对文化产品的对外贸易产生较大的影响。而我们缺少的恰恰就是促进各部门有效配合的协调机构和协调机制。

其三，政府对河南文化产品"走出去"的引导和扶持力度还有待加大。河南文化产品要"走出去"与国外文化产品展开竞争，天然地存在劣势。一方面，河南的文化产业还处于发展的初期阶段，无论是企业规模还是企业实力都相对较小、较弱，要想在与本土文化产品和国际知名文化品牌的竞争中取得优势地位，本身就困难重重。另一方面，整体上，河南文化产品的对外贸易还处于摸索时期，文化企业对国际市场的熟悉和把握程度都很不够，对不同国家的相关法律法规还缺乏充分的了解，这又使得河南文化产品的对外贸易难上加难。因此，在这样的背景下，政府的引导和扶持就显得尤为重要。目前，河南省对文化产品走出国门的扶持政策亟待细化，扶持力度和广度亟须进一步加大和拓展。

（四）文化产业无形资产的保护和服务能力有待提高

无形资产构成文化产业资产的重要部分。无形资产包括创意、技术、信息等形式。无形资产的保护是文化产业发展的基础。如果知识产权难以得到保护，那么创意等无形资产产生的收益就难以得到应有的保障；如果盗版不能得到惩罚，那么创新和创意就不可能得到应有的重视。文化产业的投资具有高风险、高回报的特点，如果获取高回报的基础不存在，那么文化产业的持续发展就缺乏根基，没有了源泉和动力。同时，由于创意等无形资产本身的溢出效应，对它的模仿和窃取不会对创意本身产生损害，因此在很多时候没有引起足够的重视。目前在我国，创意等无形资产被窃取、盗用甚至抢占的现象仍然比较普遍。我们对知识产权的保护和宣传还远远不够。究其原因，一方面是由于知识产权保护法律以及文化市场的稽查管理中存在问题，文化产品的盗版活动猖獗；另一方面则主要是由于创意等无形资产难以清晰地界定，这使得文化创意难以得到相应地保护。

文化产业无形资产服务水平也有待提高。比如无形资产评估体系的缺失。版权等无形资产评估体系的缺失严重制约着文化产业的发展。再比如版权等无形资产交易市场的发展落后。目前，河南乃至全国版权交易市场尚处于发展的初期阶段，版权交易中存在诸多问题，如版权鉴定评估、确权、价格评估、交易流通等专业服务缺乏，版权交易制度不规范、不统一，缺乏科学有效的监管机制以及退出机制不健全等。文化产业无形资产的评估以及交易市场发展的不完善，也是影响文化产业健康发展的重要原因。

（五）文化产业政策实施中存在的问题

文化产业政策的实施中，也存在不少问题。

其一，政策执行过程中存在不少歪曲和错误的利用。在文化产业政策中，有很大一部分涉及财政支持、税收优惠、专项资金以及文化项目的评审等，与企业直接经济利益相关。在政策实际的操作和执行中，为了满足某个企业或某些人的个人利益，政策很有可能被有意无意地曲解，从而使文化产业的优惠政策无法支持真正有需要的文化企业，发挥不出文化支持政策的真实效果，反而会带来寻租、腐败行为，不利于文化产业政策作用的发挥。

其二，政策实施中出现偏差。虽然不同的文化产业政策目标和侧重点会有所不同，但毫无疑问，所有文化产业政策出台和颁布的初衷都是为了解决文化产业发展中存在的资金、环境问题或对其发展进行引导。但是在真正的实施过程中，由于政策制定中存在的政策论证不够、信息不对称、外部环境的变化等问题，有的政策在实施中与政策设计的初衷相比，出现了偏差。当然，完全没有偏差的政策不太可能，反过来讲，正是政策实施过程中的偏差促使文化产业政策不断地发展和完善，但过大的偏差会造成资源的浪费和发展机会的错失。

其三，种种优惠政策的实施还有可能带来企业的过度依赖，使文化企业不愿意面对市场残酷的竞争，逐渐丢掉自我发展的能力和竞争的意识。比如有的文化企业将目标定位为获得补贴，而不是在市场中获取收益。

三　完善河南文化产业政策的思路

针对前面提出的河南文化产业政策制定和实施中存在的问题，我们主要从以下五个方面进行阐述。

（一）继续深化文化体制改革，培育具有竞争力的市场主体

文化体制改革是河南文化产业政策出台密集度较高的领域，也是文化产业发展的关键和核心。当前，文化体制改革的深化已经成为提升河南文化产业竞争力的重中之重，而文化体制改革的重点应该放在市场和市场主体的培育上。

其一，改革文化体制机制中制约市场发展和完善的方面，放开市场准入，简化审批手续，把能交给市场的资源配置尽量留给市场去做，集中精力做好政府该做的事情，不要越俎代庖。一直以来，河南文化产业的发展过程中，政府起到了至关重要的作用，甚至可以说，

河南文化产业的发展是政府主导的。在文化产业发展的初期阶段，毫无疑问，由政府主导和支持的河南文化产业有了快速的发展，但是随着文化产业的进一步发展，政府主导需要向市场主导转变。只有这样，才能更好地发展平面媒体、电影、电视、动漫、游戏、互联网、广播、演艺、旅游等文化产业。

其二，河南文化体制改革需要根据河南文化产业发展的优势和劣势做出相应的对策。河南是文化资源大省，目前的统计结果表明，地上文物仅次于陕西，居全国第二；地下文物则居全国第一；馆藏文物占全国的1/8。同时，历史遗址星罗棋布，仰韶遗址、龙山遗址、殷墟遗址、汉魏洛阳城遗址、北宋开封地下城等，都是我国文物考古的重大发现，载入史册，彪炳后世。思想家老子、庄子、韩非子，政治家李斯、刘秀、赵匡胤，科学家张衡，医圣张仲景，宗教学家玄奘，文学家杜甫、韩愈、白居易、李贺、李商隐、欧阳修，理学家程颢、程颐，军事家岳飞等都是我国历史上具有重要地位的政治、军事、文化名人。如何将这些优势进行现代性转化是河南文化体制改革的过程中必须率先考虑的问题。应深化文化体制改革，积极开拓市场，进一步提高文化产品的竞争力，创造一批有较强经济效益的文化产品和具有较强实力的文化企业，使中原文化能够在现代技术的推动下实现文化产业的跨越式发展。

其三，深化文化体制改革，大力发展新兴文化产业。利用河南丰富的文化资源，结合互联网技术和数字技术，为新兴文化产业的发展提供将"努力和报酬"有效联系起来的制度和模式，为新兴文化产业的发展保驾护航。

（二）协调财税、金融等政策，采取多元投融资机制，拓宽融资渠道

其一，政府应不断加大财政投入，提高财政投入的效率，夯实文化产业发展的基础。在税收优惠等方面，政府除了要继续加大文化产业减免税的力度外，还应积极拓宽税收减免的范围，加快建立各种法律法规体系，出台一揽子关于文化企业，尤其是中小文化企业的税收优惠和支持政策，逐渐取代目前多以各种临时通知的形式颁布的优惠政策，以法律的形式确定和落实各种相关的支持和扶持政策，降低文化企业的政策成本，将各种政策落到实处。积极将财税政策与其他领域文化产业政策进行配合与协调，鼓励社会资本进入文化产业，积极培育多元化文化产业市场投资主体，完善贷款贴息与风险补偿机制，健全信用担保体系，以期能够将有限的财政投入发挥最大的作用。

其二，积极拓宽投融资渠道。通过金融创新为文化企业拓宽融资渠道。加强信用制度建设，积极创新金融信贷产品，借鉴文化产业发达国家的文化项目融资、资产证券化等经验，建立无形资产质押模式，完善信用担保体系和资信评估体系，围绕专利权、著作权、销售合同及相应的现金流探讨适合文化产业的融资模式，引导银行贷款资金支持文化产业。建立适当的文化产业直接融资机制，积极在文化产业引进风险投资，适当放宽文化企业的上市条件，推进有条件的文化企业上市融资，充分利用资本市场的投融资平台和结构调整功能，鼓励和引导有条件的企业通过股份制改造、股权收购、股权置换等多种方式进入资本市场。此外，要加强产业基金的运作。文化产业基金可以把分散的资金和资源集中起来，发挥资金的规模效应。同时产业基金了解文化行业和市场现状，熟悉政策，能够有效地规避风险、分散风险。

总之，多元、完善的文化产业投融资渠道的建立离不开政府的引导。在市场准入方面，政府应进一步放宽社会资本的进入约束，完善市场机制，营造公平的竞争环境，促进文化产业的发展。

（三）构建文化产业对外贸易政策体系，提高政策实施的效果

要提高河南文化产业对外贸易政策的实施效果，我们需要做好以下几点。

其一，建立统一、协调能力强的专门管理机构，构建河南文化产业"走出去"的有效管理体制。建立系统、稳定的河南文化产品海外出口和文化企业海外投资促进方面的法律法规体系，改善河南文化产业"走出去"的制度环境。此外，我们还要避免扶持和鼓励文化产品出口和企业投资方面政策的随机性和不确定性，制定文化产业"走出去"方面的战略总体规划和实施细则，发挥政策的引导和杠杆作用，同时结合河南的特色文化产品和文化资源优势，合理布局，将更多更好的河南文化项目和文化产品推广出去。

其二，完善国际市场的相关信息，为文化企业"走出去"提供良好的信息基础。通过多种渠道积极搜集相关国际市场的法律法规信息、消费者信息、文化项目投资信息以及相关文化企业和文化产品的信息等，构建河南文化产品国际市场的详细、准确和系统化信息，从而为河南文化企业把握国际市场机会、合理规划海外文化产品出口和投资计划、提高投资的效益提供帮助。

其三，制定河南文化产业"走出去"重点企业的评审和管理细则。在文化产业对外贸易的实施过程中，需要经过企业申请、报送、推荐、初审、初评、终审、答辩等一系列的流程，评审过程也较为严格。大部分情况下，只有经过评审的项目和企业才会得到国家和地方政府重点的资助和扶持。可见，评审环节在文化产业项目对外贸易中处于重点和核心的地位。因此，我们需要加强对其评审过程的监督，积极制定评审管理的细则，保证过程和竞争结果的公平性。

其四，重视河南文化品牌的培育。鼓励自主创新，加强品牌培育，提高品牌的宣传力度和国际影响力，使"走出去"的文化产品和文化企业既能体现河南的文化形象，也能使"走出去"的文化产品和文化企业获得丰厚的经济回报。

（四）加强版权等知识产权的保护，提高服务能力

为加强版权等知识产权的保护，我们需要注意以下几点。

其一，完善知识产权的管理体制。以知识产权的保护为中心，将专利、版权等有关知识产权的工作综合起来，各职能部门加强对知识产权的协调、组织，理顺知识产权的管理机制，提高河南省版权等知识产权管理的效率。

其二，加强重点领域的知识产权保护。文化产业包含的行业较多，加强重点领域的知识产权保护首先要根据各行业的不同特点和发展状况遴选出重点行业。其次针对重点行业，集中资源，加大执法力度，再由点及面。比如当前，我们可以将互联网行业、动漫游戏、著作、影视作品等作为监督的重点。

其三，加大知识产权保护的宣传力度。当前，人们对盗版等行为的破坏性认识不足，社会对知识产权的侵权现象较为容忍，这在很大程度上加大了知识产权保护的难度。为此，我们应该开展知识产权保护的宣传活动，增强人民的知识产权保护意识，营造一个知识产权保护的社会环境。

提高知识产权为文化产业服务的能力。为此，我们需要积极建立一个有效的评估机构，搭建知识产权交易和流通的平台。具体地，首先，我们需要建立具有公信力的版权等无形资产的评估机构。评估机构可以由政府、行业协会成立，也可以通过会计师事务所、资产评估事务所等第三方成立。同时为保持评估机构的独立性和客观性，一方面需要制定一系列严格的评估制度，制约评估机构的评估行为；另一方面还需要建立一整套专业的评估机构的市场准入和退出制度，提高市场的准入门槛，并保障评估的专业性和客观性。其次，政府应出台相关优惠政策，调动企业和社会资金参与的积极性，共同为版权交易搭建服务平台，并在此基础上不断完善相关的法律法规，建立健全市场监管机制，完善信息的披露制度，优化版权交易的市场秩序，为版权的流通、变现提供良好的交易平台，也为私募股权基金等提供版权流转和投资退出机制，降低投资的风险。

（五）纠正偏差，加强监督，增强文化产业政策的有效性

为解决文化产业政策实施中存在的种种问题，我们应该从以下几个方面入手。

其一，政策制定思路的转变。毫无疑问，河南文化产业政策曾在河南文化产业的发展过程中起到重要的引导和推动作用，然而随着文化产业的发展，当前，河南文化产业的发展急需政策制定思路的转变。为提高河南文化企业的竞争活力，培育具有创新精神和竞争意识的多元市场主体，文化产业政策需要从直接的干预向市场调控转变，政府应将主要精力放在为文化企业创造良好、公平的市场环境中来，把资源配置的职责交由市场。

其二，及时纠正政策执行过程中存在的偏差。首先在文化产业政策制定的过程中，尽量考虑到文化产业政策需求的阶段性、时效性和变动性。其次在实施的过程中，要尽量规范实施行为，并对政策的执行者进行指导、监督和检查。再次，需要根据实际情况及时地发现新问题、解决新问题，将问题对政策实施效果的负面影响降到最低。最后，要及时对失去时效性、可操作性的政策进行废止、修订和完善，以确保政策的实施偏差控制在一定范围之内。

其三，加强对政策实施过程和效果的监督和评估。首先，对政策实施的监督需要明确监督的主体和监督的行为，当然在这之前，我们需要对所有的涉及文化产业发展的政策进行全面的梳理和分析，找出其中涉及的部门和重点监督的问题，然后再对相关主体和行为实施有效监督。其次，对政策实施效果的监督。政策实施效果的评估需要一整套清晰的效果评估的标准，比如英国创意产业政策评估的内容就包括文化机构的业绩评价、机构负责人的评估、财政拨款以及文化政策的调整等。此外，监督过程本身要做到公开、公平，对文化政策执行主体及资金的使用状况进行监督的过程透明、结果公开，以加大公众的参与力度，便于公众监督，从而确保资金的使用效率，提高文化产业政策的实施效果。

参考文献

［1］ 陈红玉：《中国文化产业创新政策研究》，北京理工大学出版社，2012。

［2］ 大卫·赫斯蒙德夫：《文化产业》，张菲娜译，中国人民大学出版社，2007，第 123～154 页。

［3］ 董辅礽：《论经济与文化》，《经济界》1996 年第 1 期。

［4］ 杜传忠、王飞：《生产性文化服务业：我国应重点发展的新兴文化产业》，《江淮论坛》2014 年第 3 期。

［5］ 范玉刚：《文化创意产业的集群化趋势》，《瞭望》（新闻周刊）2011 年 9 月 6 日。

［6］ 方润生等：《河南省文化产业发展的阶段及其政策特征分析》，《中原工学院学报》2010 年第 6 期。

［7］ 郭鸿雁：《论新型文化业态的发展机理》，《现代传播》2012 年第 8 期。

［8］ 韩美群：《文化产业区域发展模式探略》，《光明日报》2011 年 10 月 16 日。

［9］ 洪蔚脸、张佑林：《西部地区文化资源产业化开发机理研究——以西安市为例》，《改革与战略》2012 年第 1 期。

［10］ 侯燕：《河南传统文化资源开发及文化品牌培育研究》，《当代经济》2015 年第 21 期。

［11］ 侯燕：《文化产业投资的特点及融资问题研究》，《特区经济》2010 年第 9 期。

［12］侯燕：《文化产业与旅游业多层次整合问题研究》，《商业时代》
2010 年第 10 期。

［13］侯燕：《文化传媒产业盈利模式的选择与构建》，《新闻爱好者》
2017 年第 4 期。

［14］侯燕：《文化旅游业竞争力现状及提升路径研究——以河南为
例》，《生产力依据》2011 年第 10 期。

［15］侯燕：《新媒体时代河南文化产业的发展研究》，《新闻爱好者》
2017 年第 9 期。

［16］胡洪斌、王倩：《新型文化业态与文化产业转型态势研究》，
《曲靖师范学院学报》2014 年第 3 期。

［17］花建：《文化创意产业与相关产业融合发展的四大路径》，《上
海财经大学学报》2014 年第 8 期。

［18］黄晓懿、杨永忠、钟林：《循环经济理论视野下的中国制造业
与文化创意产业融合模式研究》，《科技进步与对策》2016 年第
6 期。

［19］贾旭东：《文化产业金融政策研究》，《福建论坛》（人文社会科
学版）2010 年第 6 期。

［20］卡西·布里克伍德：《信息社会中的文化政策与就业》，http://
www. recap. nl/cathy/pdf。

［21］匡文波、张蕊：《传统媒体转型中的盈利模式》，《青年记者》
2014 年第 24 期。

［22］赖茂生等：《内容产业与文化产业整合与协同理论和实践研究》，
《情报科学》2009 年第 1 期。

［23］兰苑、陈艳珍：《文化产业与旅游产业融合的机制与路径——
以山西省文化旅游业发展为例》，《经济问题》2014 年第 9 期。

［24］李本贵：《促进文化产业发展的税收政策研究》，《税务研究》

2010 年第 9 期。

［25］李建军、万翠琳：《文化创意产业与城市经济发展互动机制研究》，《上海经济研究》2018 年第 1 期。

［26］李璐：《信息资源产业与文化产业融合的实证分析——基于中国上市公司 1997 年～2012 年数据》，《情报科学》2016 年第 3 期。

［27］李世宏等：《少林武术文化品牌的培育与推广》，《成都体育学院学报》2012 年第 5 期。

［28］李思屈等：《中国文化产业政策研究》，浙江大学出版社，2012。

［29］李艳华：《河北省城市新兴文化业态发展研究》，硕士学位论文，河北经贸大学，2014。

［30］李燕燕：《文化与经济转型——基于中原发展经验的分析》，社会科学文献出版社，2007。

［31］李宗军：《河南旅游文化》，河南人民出版社，2005。

［32］林秀琴：《产业融合与空间融合：文化产业融合发展的思维创新》，《福建论坛》2016 年第 6 期。

［33］刘易斯：《经济增长理论》，周师铭、沈丙杰、沈伯根译，商务印书馆，1999。

［34］刘昱、蒋瑶：《从文化资源到文化品牌的转化路径研究》，《河南商业高等专科学校学报》2013 年第 2 期。

［35］罗艳玲：《河南省文化旅游市场营销策略研究》，《现代商贸工业》2008 年第 5 期。

［36］罗永雄：《新媒体盈利模式和盈利能力之辩》，《当代传播》2016 年第 2 期。

［37］吕寒、胡慧：《论文化遗产区域品牌的形成机制与培育模式》，《现代经济探讨》2012 年第 7 期。

[38] 马克斯·霍克海默、西奥多·阿道尔诺：《启蒙辩证法：哲学断片》，渠敬东、曹卫东译，上海人民出版社，2006。

[39] 皮埃尔·布迪厄：《资本的形式》，载薛晓源、曹荣湘主编《全球化与文化资本》，社会科学文献出版社，2005。

[40] 祁述裕：《我国文化产业发展的几个重要特点》，《山东社会科学》2009 年第 2 期。

[41] 屈峰：《文化品牌建设与文化产业核心竞争力培育研究》，《现代商贸工业》2010 年第 22 期。

[42] 冉玉：《河南文化产业政策的实施策略分析》，《中国商论》2013 年第 16 期。

[43] 荣跃明：《文化产业：形态演变、产业基础和时代特征》，《社会科学》2005 年第 9 期。

[44] 宋怡茹、魏龙、潘安：《价值链重构与核心价值区转移研究——产业融合方式与效果的比较》，《科学学研究》2017 年第 8 期。

[45] 苏卉：《产业融合背景下文化与科技的协同创新研究》，《资源开发与市场》2015 年第 1 期。

[46] 汪清蓉：《文化产业与旅游产业整合创新模式研究——以佛山市文化与旅游业为例》，《广东商学院学报》2005 年第 1 期。

[47] 汪振军：《创意中原——河南文化产业创新研究》，大象出版社，2007。

[48] 汪振军：《河南文化产业创新研究》，大象出版社，2007。

[49] 王宏起等：《战略性新兴产业空间布局方法及其应用研究》，《中国科技论坛》2013 年第 4 期。

[50] 王祎庆：《文化产业政策解读》，中国传媒大学出版社，2015。

[51] 王建：《新兴文化业态的概念、分类及特征》，《中国城市经济》2011 年第 10 期。

［52］ 王志东：《新常态下我国文化与科技融合发展的战略对策》，《东岳论丛》2016 年第 5 期。

［53］ 韦寒燕：《台湾文化创意品牌培育形成发展之道探析》，《厦门特区党校学报》2012 年第 1 期。

［54］ 翁钢民、李凌雁：《中国旅游与文化产业融合发展的耦合协调度及空间相关分析》，《经济地理》2016 年第 1 期。

［55］ 吴慧勇：《文化产业与政策研究》，《理论月刊》2010 年第 3 期。

［56］ 夏骥：《我国品牌的地区分布与区域竞争力研究》，《上海经济研究》2007 年第 2 期。

［57］ 夏仕平：《新型文化业态及赢利模式初探》，《当代经济》2013 年第 3 期。

［58］ 徐虎、丁媛：《河南省文化产业政策分析》，《中共郑州市委党校学报》2013 年第 4 期。

［59］ 徐明生：《我国文化资本与经济发展的协调性研究》，《厦门大学学报》（哲社版）2011 年第 11 期。

［60］ 徐艳芳：《区域文化资源优势向产业开发优势转化机制研究》，《山东社会科学》2011 年第 11 期。

［61］ 杨吉华：《改革开放以来我国文化产业政策实践的回顾与反思》，《上海行政学院学报》2006 年第 6 期。

［62］ 杨吉华：《文化产业政策研究》，博士学位论文，中共中央党校，2007。

［63］ 杨京钟、吕庆华：《文化强国视野的新兴文化业态培育》，《重庆社会科学》2012 年第 12 期。

［64］ 游尘：《试论政府在文化品牌建设中的作用》，《东岳论丛》2009 年第 9 期。

［65］ 约翰·霍金斯：《创意经济——如何点石成金》，洪庆福等译，

上海三联书店，2006。

[66] 张根海、郝立英：《中国文化产业发展：现状、问题与对策》，《学术论坛》2013 年第 10 期。

[67] 张京成、沈晓平、张彦军：《中外文化创意产业政策研究》，科学出版社，2013 年。

[68] 张培奇：《十年来我国文化产业政策变迁研究（1997～2007）》，硕士学位论文，上海交通大学，2009。

[69] 张友臣：《发达国家文化品牌培育经验探析》，《东岳论丛》2010 年第 12 期。

[70] 章怡芳：《文化旅游开发中的资源整合策略》，《思想战线》2003 年第 6 期。

[71] 赵成：《移动互联网孕育新产业业态》，《人民日报》2012 年 2 月 15 日，第 22 版。

[72] 赵珏、张士引：《产业融合的效应、动因和难点分析——以中国推进"三网融合"为例》，《宏观经济研究》2015 年第 11 期。

[73] 周锦：《产业融合视角下文化产业与制造业的融合发展》，《现代经济探讨》2014 年第 11 期。

[74] 周晓英、张秀梅：《数字内容价值创造中政府的角色和作用》，《情报科学》2015 年第 10 期。

[75] 朱耀先、陈晓峰：《河南省文化产业发展存在的问题及对策建议》，《学术论坛》2016 年第 2 期。

[76] Boccella, N., I. Salemo, "Creative Economy, Cultural Industries and Local Development," *Procedia-Social and Behavioral Sciences*, 223 (2016).

[77] Chesbrough, H., "Business Model Innovation: It's not Just about Technology Any More," *Strategy And Leadership*, 35 (2013).

[78] Fredrik, H. , M Christian, F. Fritz, "An Evolutionary Perspective on Convergence: Including a Model of Inter-industry Innovation," *International Journal of Technology management*, 49 (2010).

[79] Gay, Pauldu & Michael Pryke, *Cultural Economy* (London: SAGE, 2002).

[80] Lemola, T. , "Convergence of National Science and Technology Policies: The Case of Finland," *Research Policy*, 31 (2002).

[81] Pennings, J. and P. Purannam, *Market Convergence and Firm Strategy: New Directions for Theory and Research* (ECIS Conference, the Future Of Innovation Studies, Eindhoven, Netherlands, 2001).

[82] Rosenberg, N. , "Technological Change in the Machine Tool Industry: 1840 – 1910," *Journal of Economic History*, 23 (1963).

[83] Sassatelli, M. , "Monica Imagined Europe: The Shaping of a European Cultural Identity Through EU Cultural Policy," *European Journal of Social Theory*, 5 (2002).

[84] Throsby, David, *The Economics of Cultural Policy* (Cambridge: Cambridge University Press, 2010).

附录
文化及相关产业分类（2018）

一 分类目的和作用

（一）为深化文化体制改革和持续推进社会主义文化强国建设提供统计保障，建立科学可行的文化及相关产业统计制度，制定本分类。

（二）本分类为反映我国文化及相关产业生产活动提供标准分类依据，为文化及相关产业统计提供统一的定义和范围，为发展文化产业、推进社会主义文化繁荣兴盛提供统计服务。

二 分类定义和范围

（一）定义。

本分类规定的文化及相关产业是指为社会公众提供文化产品和文化相关产品的生产活动的集合。

（二）范围。

1. 以文化为核心内容，为直接满足人们的精神需要而进行的创作、制造、传播、展示等文化产品（包括货物和服务）的生产活动。具体包括新闻信息服务、内容创作生产、创意设计服务、文化传播渠道、文化投资运营和文化娱乐休闲服务等活动。

2. 为实现文化产品的生产活动所需的文化辅助生产和中介服务、文化装备生产和文化消费终端生产（包括制造和销售）等活动。

三　编制原则

（一）以《国民经济行业分类》为基础。

本分类以《国民经济行业分类》（GB/T 4754 – 2017）为基础，根据文化生产活动的特点，将行业分类中相关的类别重新组合，是《国民经济行业分类》的派生分类。

（二）兼顾文化管理需要和可操作性。

根据我国文化体制改革和发展的实际，本分类在考虑文化生产活动特点的同时，兼顾文化主管部门管理的需要；同时立足于现行统计制度和方法，充分考虑分类的可操作性。

（三）与国际分类标准相衔接。

本分类借鉴了联合国教科文组织的《文化统计框架—2009》的分类方法，在定义和覆盖范围上与其衔接。

四　结构和编码

本分类采用线分类法和分层次编码方法，将文化及相关产业划分为三层，分别用阿拉伯数字编码表示。第一层为大类，用 01 – 09 数字表示，共有 9 个大类；第二层为中类，用 3 位数字表示，共有 43 个中类；第三层为小类，用 4 位数字表示，共有 146 个小类。

本分类代码结构：

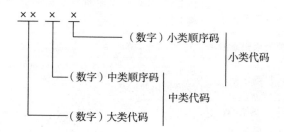

五　有关说明

（一）本分类建立了与《国民经济行业分类》（GB/T 4754 - 2017）的对应关系。在本分类中，如国民经济某行业小类仅部分活动属于文化及相关产业，则在行业代码后加"＊"做标识，并对属于文化生产活动的内容进行说明；如国民经济某行业小类全部纳入文化及相关产业，则小类类别名称与行业类别名称完全一致。

（二）本分类全部小类对应或包含在《国民经济行业分类》（GB/T 4754 - 2017）相应的行业小类中，具体范围和说明可参见《2017 国民经济行业分类注释》。

（三）本分类 01 ~ 06 大类为文化核心领域，07 ~ 09 大类为文化相关领域。

六　文化及相关产业分类表

表 1　文化及相关产业分类表

代码			类别名称	说明	行业分类代码
大类	中类	小类			
			文化核心领域	本领域包括 01 ~ 06 大类。	
01			新闻信息服务		
	011		新闻服务		
		0110	新闻业	包括新闻采访、编辑、发布和其他新闻服务。	8610
	012		报纸信息服务		
		0120	报纸出版	包括党报出版、综合新闻类报纸出版和其他报纸出版服务。	8622
	013		广播电视信息服务		

续表

代码			类别名称	说明	行业分类代码
大类	中类	小类			
		0131	广播	指广播节目的现场制作、播放及其他相关活动，还包括互联网广播。	8710
		0132	电视	指有线和无线电视节目的现场制作、播放及其他相关活动，还包括互联网电视。	8720
		0133	广播电视集成播控	指IP电视、手机电视、互联网电视等专网及定向传播视听节目服务的集成播控，还包括普通广播电视节目集成播控。	8740
	014		互联网信息服务		
		0141	互联网搜索服务	指互联网中的特殊站点，专门用来帮助人们查找存储在其他站点上的信息。	6421
		0142	互联网其他信息服务	包括网上新闻、网上软件下载、网上音乐、网上视频、网上图片、网上动漫、网上文学、网上电子邮件、网上新媒体、网上信息发布、网站导航和其他互联网信息服务。	6429
02			内容创作生产		
	021		出版服务		
		0211	图书出版	包括书籍出版、课本类书籍出版和其他图书出版服务。	8621
		0212	期刊出版	包括综合类杂志出版，经济、哲学、社会科学类杂志出版，自然科学、技术类杂志出版，文化、教育类杂志出版，少儿读物类杂志出版和其他杂志出版服务。	8623
		0213	音像制品出版	包括录音制品出版和录像制品出版服务。	8624
		0214	电子出版物出版	包括马列毛泽东思想、哲学等分类别电子出版物，综合类电子出版物和其他电子出版物出版服务。	8625
		0215	数字出版	指利用数字技术进行内容编辑加工，并通过网络传播数字内容产品的出版服务。	8626

代码			类别名称	说明	行业分类代码
大类	中类	小类			
		0216	其他出版业	指其他出版服务。	8629
	022		广播影视节目制作		
		0221	影视节目制作	指电影、电视和录像（含以磁带、光盘为载体）节目的制作活动，该节目可以作为电视、电影播出、放映，也可以作为出版、销售的原版录像带（或光盘），还可以在其他场合宣传播放，还包括影视节目的后期制作，但不包括电视台制作节目的活动。	8730
		0222	录音制作	指从事录音节目、音乐作品的制作活动，其节目或作品可以在广播电台播放，也可以制作成出版、销售的原版录音带（磁带或光盘），还可以在其他宣传场合播放，但不包括广播电台制作节目的活动。	8770
	023		创作表演服务		
		0231	文艺创作与表演	指文学、美术创造和表演艺术（如戏曲、歌舞、话剧、音乐、杂技、马戏、木偶等表演艺术）等活动。	8810
		0232	群众文体活动	指对各种主要由城乡群众参与的文艺类演出、比赛、展览等公益性文化活动的管理活动。	8870
		0233	其他文化艺术业	包括网络（手机）文化服务，史料、史志编辑服务，艺（美）术品、收藏品鉴定和评估服务，街头报刊橱窗管理服务和其他未列明文化艺术服务。	8890
	024		数字内容服务		
		0241	动漫、游戏数字内容服务	指将动漫和游戏中的图片、文字、视频、音频等信息内容运用数字化技术进行加工、处理、制作并整合应用的服务，使其通过互联网传播，在计算机、手机、电视等终端播放，在存储介质上保存。	6572

代码			类别名称	说明	行业分类代码
大类	中类	小类			
		0242	互联网游戏服务	指以互联网为传输媒介，以游戏运营商服务器和用户计算机为处理终端，以游戏客户端软件为信息交互窗口，旨在实现娱乐、休闲、交流和取得虚拟成就的具有可持续性的个体性多人在线游戏。包括互联网电子竞技服务。	6422
		0243	多媒体、游戏动漫和数字出版软件开发	仅指通用应用软件中的多媒体软件、游戏动漫软件、数字出版软件开发。该小类包含在应用软件开发行业小类中。	6513*
		0244	增值电信文化服务	仅指固定网增值电信、移动网增值电信、其他增值电信中的文化服务。该小类包含在其他电信服务行业小类中。	6319*
		0245	其他文化数字内容服务	仅指文化宣传领域数字内容服务。该小类包含在其他数字内容服务行业小类中。	6579*
	025		内容保存服务		
		0251	图书馆	包括公共图书馆、高等院校图书馆、专业图书馆和其他图书馆管理服务。	8831
		0252	档案馆	包括综合档案馆、专门档案馆、部门档案馆、企业档案馆、事业单位档案馆和其他档案馆管理服务。	8832
		0253	文物及非物质文化遗产保护	指对具有历史、文化、艺术、科学价值，并经有关部门鉴定，列入文物保护范围的不可移动文物的保护和管理活动；对我国口头传统和表现形式，传统表演艺术，社会实践、意识、节庆活动，有关的自然界和宇宙的知识和实践，传统手工艺等非物质文化遗产的保护和管理活动。	8840

代码			类别名称	说明	行业分类代码
大类	中类	小类			
		0254	博物馆	指收藏、研究、展示文物和标本的博物馆的活动，以及展示人类文化、艺术、科技、文明的美术馆、艺术馆、展览馆、科技馆、天文馆等管理活动。	8850
		0255	烈士陵园、纪念馆	包括烈士陵园和烈士纪念馆管理服务。	8860
	026		工艺美术品制造		
		0261	雕塑工艺品制造	指以玉石、宝石、象牙、角、骨、贝壳等硬质材料，木、竹、椰壳、树根、软木等天然植物，以及石膏、泥、面、塑料等为原料，经雕刻、琢、磨、捏或塑等艺术加工而制成的各种供欣赏和实用的工艺品的制作活动。	2431
		0262	金属工艺品制造	指以金、银、铜、铁、锡等各种金属为原料，经过制胎、浇铸、锻打、錾刻、搓丝、焊接、纺织、镶嵌、点兰、烧制、打磨、电镀等各种工艺加工制成的造型美观、花纹图案精致的工艺美术品的制作活动。	2432
		0263	漆器工艺品制造	指将半生漆、腰果漆加工调配成各种鲜艳的漆料，以木、纸、塑料、铜、布等作胎，采用推光、雕填、彩画、镶嵌、刻灰等传统工艺和现代漆器工艺进行的工艺制品的制作活动。	2433
		0264	花画工艺品制造	指以绢、丝、绒、纸、涤纶、塑料、羽毛、通草以及鲜花草等为原料，经造型设计、模压、剪贴、干燥等工艺精制而成的花、果、叶等人造花类工艺品，以画面出现、可以挂或摆的具有欣赏性、装饰性的画类工艺品的制作活动。	2434

代码			类别名称	说明	行业分类代码
大类	中类	小类			
		0265	天然植物纤维编织工艺品制造	指以竹、藤、棕、草、柳、葵、麻等天然植物纤维为材料，经编织或镶嵌而成具有造型艺术或图案花纹，以欣赏为主的工艺陈列品以及工艺实用品的制作活动。	2435
		0266	抽纱刺绣工艺品制造	指以棉、麻、丝、毛及人造纤维纺织品等为主要原料，经设计、刺绣、抽、拉、钩等工艺加工各种生活装饰用品，以及以纺织品为主要原料，经特殊手工艺或民间工艺方法加工成各种具有较强装饰效果的生活用纺织品的制作活动。	2436
		0267	地毯、挂毯制造	指以羊毛、丝、棉、麻及人造纤维等为原料，经手工编织、机织、栽绒等方式加工而成的各种具有装饰性的地面覆盖物或可用于悬挂、垫坐等用途的生活装饰用品的制作活动。	2437
		0268	珠宝首饰及有关物品制造	指以金、银、铂等贵金属及其合金以及钻石、宝石、玉石、翡翠、珍珠等为原料，经金属加工和连接组合、镶嵌等工艺加工制作各种图案的装饰品的制作活动。	2438
		0269	其他工艺美术及礼仪用品制造	指其他工艺美术品的制造活动。	2439
	027		艺术陶瓷制造		
		0271	陈设艺术陶瓷制造	指以黏土、瓷土、瓷石、长石、石英等为原料，经制胎、施釉、装饰、烧制等工艺制成，主要供欣赏、装饰的陶瓷工艺美术品制造。	3075
		0272	园艺陶瓷制造	指专门为园林、公园、室外景观的摆设或具有一定功能的大型陶瓷制造。	3076
03			创意设计服务		
	031		广告服务		

代码			类别名称	说明	行业分类代码
大类	中类	小类			
		0311	互联网广告服务	指提供互联网广告设计、制作、发布及其他互联网广告服务。包括网络电视、网络手机等各种互联网终端的广告的服务。	7251
		0312	其他广告服务	指除互联网广告以外的广告服务。	7259
	032		设计服务		
		0321	建筑设计服务	仅包括房屋建筑工程，体育、休闲娱乐工程，室内装饰和风景园林工程专项设计服务。该小类包含在工程设计活动行业小类中。	7484*
		0322	工业设计服务	指独立于生产企业的工业产品和生产工艺设计，不包括工业产品生产环境设计、产品传播设计、产品设计管理等活动。	7491
		0323	专业设计服务	包括时装、包装装潢、多媒体、动漫及衍生产品、饰物装饰、美术图案、展台、模型和其他专业设计服务。	7492
04			文化传播渠道		
	041		出版物发行		
		0411	图书批发	包括书籍、课本和其他图书的批发和进出口。	5143
		0412	报刊批发	包括报纸、杂志的批发和进出口。	5144
		0413	音像制品、电子和数字出版物批发	包括音像制品及电子出版物的批发和进出口。	5145
		0414	图书、报刊零售	包括图书零售服务，报纸、杂志专门零售服务，图书、报刊固定摊点零售服务。	5243
		0415	音像制品、电子和数字出版物零售	包括音像制品专门零售店、电子出版物专门零售、音像制品及电子出版物固定摊点零售服务。	5244

续表

代码			类别名称	说明	行业分类代码
大类	中类	小类			
		0416	图书出租	指各种图书出租服务，不包括图书馆的租书业务。	7124
		0417	音像制品出租	指各种音像制品出租服务，不包括以销售音像制品为主的出租音像活动。	7125
	042		广播电视节目传输		
		0421	有线广播电视传输服务	指有线广播电视网和信号的传输服务。	6321
		0422	无线广播电视传输服务	指无线广播电视信号的传输服务。	6322
		0423	广播电视卫星传输服务	包括卫星广播电视信号的传输、覆盖与接收服务，卫星广播电视传输、覆盖、接收系统的设计、安装、调试、测试、监测等服务。	6331
	043		广播影视发行放映		
		0431	电影和广播电视节目发行	包括电影发行和进出口交易、非电视台制作的电视节目发行和进出口服务。	8750
		0432	电影放映	指专业电影院以及设在娱乐场所独立（或相对独立）的电影放映等活动。	8760
	044		艺术表演		
		0440	艺术表演场馆	指有观众席、舞台、灯光设备，专供文艺团体演出的场所管理活动。	8820
	045		互联网文化娱乐平台		
		0450	互联网文化娱乐平台	仅包括互联网演出购票平台、娱乐应用服务平台、音视频服务平台、读书平台、艺术品鉴定拍卖平台和文化艺术平台。该小类包含在互联网生活服务平台行业小类中。	6432 *

代码			类别名称	说明	行业分类代码
大类	中类	小类			
	046		艺术品拍卖及代理		
		0461	艺术品、收藏品拍卖	指艺术品、收藏品拍卖活动。包括艺（美）术品拍卖服务、文物拍卖服务、古董和字画拍卖服务。	5183
		0462	艺术品代理	指艺术品代理活动。包括字画代理、古玩收藏品代理、画廊艺术经纪代理和其他艺术品代理。	5184
	047		工艺美术品销售		
		0471	首饰、工艺品及收藏品批发	指首饰、工艺品及收藏品的批发活动。	5146
		0472	珠宝首饰零售	指珠宝首饰的零售活动。	5245
		0473	工艺美术品及收藏品零售	指专门经营具有收藏价值和艺术价值的工艺品、艺术品、古玩、字画、邮品等的店铺零售活动。	5246
05			文化投资运营		
	051		投资与资产管理		
		0510	文化投资与资产管理	仅指政府主管部门转变职能后，成立的国有文化资产管理机构和文化行业管理机构的活动；文化投资活动，不包括资本市场的投资。该小类包含在投资与资产管理行业小类中。	7212*
	052		运营管理		
		0521	文化企业总部管理	仅指文化企业总部的活动，其对外经营业务由下属的独立核算单位或单独核算单位承担，还包括派出机构的活动（如办事处等）。该小类包含在企业总部管理行业小类中。	7211*

代码			类别名称	说明	行业分类代码
大类	中类	小类			
		0522	文化产业园区管理	仅指非政府部门的文化产业园区管理服务。该小类包含在园区管理服务行业小类中。	7221*
06			文化娱乐休闲服务		
	061		娱乐服务		
		0611	歌舞厅娱乐活动	指各种歌舞厅娱乐活动。	9011
		0612	电子游艺厅娱乐活动	指各种电子游艺厅娱乐服务。	9012
		0613	网吧活动	指通过计算机等装置向公众提供互联网上网服务的网吧、电脑休闲室等营业性场所的服务。	9013
		0614	其他室内娱乐活动	包括儿童室内游戏娱乐服务、室内手工制作娱乐服务和其他室内娱乐服务。	9019
		0615	游乐园	指配有大型娱乐设施的室外娱乐活动及以娱乐为主的活动。	9020
		0616	其他娱乐业	指公园、海滩和旅游景点内小型设施的娱乐活动及其他娱乐活动。	9090
	062		景区游览服务		
		0621	城市公园管理	指主要为人们提供休闲、观赏、游览以及开展科普活动的城市各类公园管理活动。	7850
		0622	名胜风景区管理	指对具有一定规模的自然景观、人文景观的管理和保护活动，以及对环境优美、具有观赏、文化和科学价值风景名胜区的保护与管理活动。	7861
		0623	森林公园管理	指国家自然保护区、名胜景区以外的，以大面积人工林或天然林为主体而建设的公园管理活动。	7862
		0624	其他游览景区管理	指其他未列明的游览景区的管理活动。	7869

代码			类别名称	说明	行业分类代码
大类	中类	小类			
		0625	自然遗迹保护管理	包括地质遗迹保护管理、古生物遗迹保护管理等。	7712
		0626	动物园、水族馆管理服务	指以保护、繁殖、科学研究、科普、供游客观赏为目的，饲养野生动物场所的管理服务。	7715
		0627	植物园管理服务	指以调查、采集、鉴定、引种、驯化、保存、推广、科普为目的，并供游客游憩、观赏的园地管理服务。	7716
	063		休闲观光游览服务		
		0631	休闲观光活动	指以农林牧渔业、制造业等生产和服务领域为对象的休闲观光旅游活动。	9030
		0632	观光游览航空服务	指直升机、热气球等游览飞行服务。	5622
			文化相关领域	本领域包括 07－09 大类。	
07			文化辅助生产和中介服务		
	071		文化辅助用品制造		
		0711	文化用机制纸及纸板制造	仅指未涂布印刷书写用纸、涂布类印刷用纸、感应纸及纸板制造。该小类包含在机制纸及纸板制造行业小类中。	2221*
		0712	手工纸制造	指采用手工操作成型，制成纸的生产活动。包括手工纸（宣纸、国画纸、其他手工纸）及手工纸板。	2222
		0713	油墨及类似产品制造	指由颜料、连接料（植物油、矿物油、树脂、溶剂）和填充料经过混合、研磨调制而成，用于印刷的有色胶浆状物质，以及用于计算机打印、复印机用墨等的生产活动。	2642

代码			类别名称	说明	行业分类代码
大类	中类	小类			
		0714	工艺美术颜料制造	指油画、水粉画、广告等艺术用颜料的制造。	2644
		0715	文化用信息化学品制造	指电影、照相、医用、幻灯及投影用感光材料、冲洗套药，磁、光记录材料，光纤维通信用辅助材料，及其专用化学制剂的制造。	2664
	072		印刷复制服务		
		0721	书、报刊印刷	指书、报刊的印刷活动。	2311
		0722	本册印制	指由各种纸及纸板制作的，用于书写和其他用途的本册生产活动。	2312
		0723	包装装潢及其他印刷	指根据一定的商品属性、形态，采用一定的包装材料，经过对商品包装的造型结构艺术和图案文字的设计与安排来装饰美化商品的印刷，以及其他印刷活动。	2319
		0724	装订及印刷相关服务	指专门企业从事的装订、压印媒介制造等与印刷有关的服务。	2320
		0725	记录媒介复制	指将母带、母盘上的信息进行批量翻录的生产活动。	2330
		0726	摄影扩印服务	包括摄影服务、照片扩印及处理服务。	8060
	073		版权服务		
		0730	版权和文化软件服务	仅指版权服务、文化软件服务。该小类包含在知识产权服务行业小类中。	7520*
	074		会议展览服务		
		0740	会议、展览及相关服务	指以会议为主，也可附带展览及其他相关的活动形式，包括项目策划组织、场馆租赁保障、相关服务。	7281～7284、7289
	075		文化经纪代理服务		

代码			类别名称	说明	行业分类代码
大类	中类	小类			
		0751	文化活动服务	指策划、组织、实施各类文化、晚会、娱乐、演出、庆典、节日等活动的服务。	9051
		0752	文化娱乐经纪人	指各种文化娱乐经纪人活动。包括演员挑选、推荐服务，艺术家、作家经纪人服务，演员经纪人服务，模特经纪人服务，其他演员、艺术家经纪人服务。	9053
		0753	其他文化艺术经纪代理	指其他文化艺术经纪代理活动。	9059
		0754	婚庆典礼服务	仅指婚庆礼仪服务。该小类包含在婚姻服务行业小类中。	8070*
		0755	文化贸易代理服务	仅指文化贸易代理服务。该小类包含在贸易代理行业小类中。	5181*
		0756	票务代理服务	指除旅客交通票务代理外的各种票务代理服务。	7298
	076		文化设备（用品）出租服务		
		0761	休闲娱乐用品设备出租	指各种休闲娱乐用品设备出租活动。	7121
		0762	文化用品设备出租	指各种文化用品设备出租活动。	7123
	077		文化科研培训服务		
		0771	社会人文科学研究	指各种社会人文科学研究活动。	7350
		0772	学术理论社会（文化）团体	仅指学术理论社会团体、文化团体的服务。该小类包含在专业性团体行业小类中。	9521*
		0773	文化艺术培训	指国家学校教育制度以外，由正规学校或社会各界办的文化艺术培训活动，不包括少年儿童的课外艺术辅导班。	8393

代码			类别名称	说明	行业分类代码
大类	中类	小类			
		0774	文化艺术辅导	仅包括美术、舞蹈、音乐、书法和武术等辅导服务。该小类包含在其他未列明教育行业小类中。	8399*
08			文化装备生产		
	081		印刷设备制造		
		0811	印刷专用设备制造	指使用印刷或其他方式将图文信息转移到承印物上的专用生产设备的制造。	3542
		0812	复印和胶印设备制造	指各种用途的复印设备和集复印、打印、扫描、传真为一体的多功能一体机的制造；以及主要用于办公室的胶印设备、文字处理设备及零件的制造。	3474
	082		广播电视电影设备制造及销售		
		0821	广播电视节目制作及发射设备制造	指广播电视节目制作、发射设备及器材的制造。	3931
		0822	广播电视接收设备制造	指专业广播电视接收设备的制造，但不包括家用广播电视接收设备的制造。	3932
		0823	广播电视专用配件制造	指专业用录像重放及其他配套的广播电视设备的制造，但不包括家用广播电视装置的制造。	3933
		0824	专业音响设备制造	指广播电视、影剧院、录音棚、会议、各种场地等专业用录音、音响设备及其他配套设备的制造。	3934
		0825	应用电视设备及其他广播电视设备制造	指应用电视设备、其他广播电视设备和器材的制造。	3939

代码			类别名称	说明	行业分类代码
大类	中类	小类			
		0826	广播影视设备批发	指广播影视设备的批发和进出口活动。	5178
		0827	电影机械制造	指各种类型或用途的电影摄影机、电影录音摄影机、影像放映机及电影辅助器材和配件的制造。	3471
	083		摄录设备制造及销售		
		0831	影视录放设备制造	指非专业用录像机、摄像机、激光视盘机等影视设备整机及零部件的制造，包括教学用影视设备的制造，但不包括广播电视等专业影视设备的制造。	3953
		0832	娱乐用智能无人飞行器制造	指按照国家有关安全规定标准，经允许生产并主要用于娱乐的智能无人飞行器的制造。该小类包含在智能无人飞行器制造行业小类中。	3963*
		0833	幻灯及投影设备制造	指通过媒体将在电子成像器件上的文字图像、胶片上的文字图像、纸张上的文字图像及实物投射到银幕上的各种设备、器材及零配件的制造。	3472
		0834	照相机及器材制造	指各种类型或用途的照相机的制造。包括用以制备印刷板，用于水下或空中照相的照相机制造，以及照相机用闪光装置、摄影暗室装置和零件的制造。	3473
		0835	照相器材零售	指照相器材专门零售。	5248
	084		演艺设备制造及销售		
		0841	舞台及场地用灯制造	指演出舞台、演出场地、运动场地、大型活动场地用灯制造。	3873
		0842	舞台照明设备批发	仅指各类舞台照明设备的批发。该小类包含在电气设备批发行业小类中。	5175*

代码			类别名称	说明	行业分类代码
大类	中类	小类			
	085		游乐游艺设备制造		
		0851	露天游乐场所游乐设备制造	指主要安装在公园、游乐园、水上乐园、儿童乐园等露天游乐场所的电动及非电动游乐设备和游艺器材的制造。	2461
		0852	游艺用品及室内游艺器材制造	指主要供室内、桌上等游艺及娱乐场所使用的游乐设备、游艺器材和游艺娱乐用品，以及主要安装在室内游乐场所的电子游乐设备的制造。	2462
		0853	其他娱乐用品制造	指其他未列明的娱乐用品制造。	2469
	086		乐器制造及销售		
		0861	中乐器制造	指各种中乐器的制造活动。	2421
		0862	西乐器制造	指各种西乐器的制造活动。	2422
		0863	电子乐器制造	指各种电子乐器的制造活动。	2423
		0864	其他乐器及零件制造	指其他未列明的乐器、乐器零件及配套产品的制造。	2429
		0865	乐器批发	指各种乐器的批发活动。	5147
		0866	乐器零售	指各种乐器的零售活动。	5247
09			文化消费终端生产		
	091		文具制造及销售		
		0911	文具制造	指办公、学习等使用的各种文具的制造。	2411
		0912	文具用品批发	指文具用品的批发活动。	5141
		0913	文具用品零售	指文具用品的零售活动。	5241
	092		笔墨制造		

代码			类别名称	说明	行业分类代码
大类	中类	小类			
		0921	笔的制造	指用于学习、办公或绘画等用途的各种笔制品的制造。	2412
		0922	墨水、墨汁制造	指各种墨水、墨汁及墨汁类似品的制造活动。	2414
	093		玩具制造		
		0930	玩具制造	指以儿童为主要使用者,用于玩耍、智力开发等娱乐器具的制造。	2451 – 2456 2459
	094		节庆用品制造		
		0940	焰火、鞭炮产品制造	指节日、庆典用焰火及民用烟花、鞭炮等产品的制造。	2672
	095		信息服务终端制造及销售		
		0951	电视机制造	指非专业用电视机制造。包括彩色、黑白电视机以及其他视频设备(移动电视机和其他未列明视频设备)的制造。	3951
		0952	音响设备制造	指非专业用音箱、耳机、组合音响、功放、无线电收音机、收录音机等音响设备的制造。	3952
		0953	可穿戴智能文化设备制造	指由用户穿戴和控制,并且自然、持续地运行和交互的个人移动计算文化设备产品的制造。该小类包含在可穿戴智能设备制造行业小类中。	3961*
		0954	其他智能文化消费设备制造	指虚拟现实设备制造活动。该小类包含在其他智能消费设备制造行业小类中。	3969*
		0955	家用视听设备批发	指家用视听设备批发活动。	5137
		0956	家用视听设备零售	指专门经营电视、音响设备、摄录像设备等的店铺零售活动。	5271

代码			类别名称	说明	行业分类代码
大类	中类	小类			
		0957	其他文化用品批发	包括玩具批发服务以及玩具、游艺及娱乐用品、照相器材和其他文化娱乐用品批发和进出口。	5149
		0958	其他文化用品零售	指专门经营游艺用品及其他未列明文化用品的店铺零售活动。	5249

注：行业分类代码后标有"＊"的表示该行业类别仅有部分内容属于文化及相关产业。

表2 带"＊"行业分类文化生产活动内容的说明

序号	国民经济行业分类及代码	文化及相关产业类别名称及小类代码	文化生产活动的内容
1	应用软件开发（6513＊）	多媒体、游戏动漫和数字出版软件开发（0243）	包括应用软件开发中的多媒体软件、游戏动漫软件、数字出版软件开发活动。
2	其他电信服务（6319＊）	增值电信文化服务（0244）	仅指固定网增值电信、移动网增值电信、其他增值电信中的文化服务，包括手机报、个性化铃音等业务服务。
3	其他数字内容服务（6579＊）	其他文化数字内容服务（0245）	仅指文化宣传领域数字内容服务。
4	工程设计活动（7484＊）	建筑设计服务（0321）	仅包括房屋建筑工程，体育、休闲娱乐工程，室内装饰和风景园林工程专项设计服务。
5	互联网生活服务平台（6432＊）	互联网文化娱乐平台（0450）	仅包括互联网演出购票平台、娱乐应用服务平台、音视频服务平台、读书平台、艺术品鉴定拍卖平台和文化艺术平台。
6	投资与资产管理（7212＊）	文化投资与资产管理（0510）	指政府主管部门转变职能后，成立的国有文化资产管理机构和文化行业管理机构的活动；文化投资活动，不包括资本市场的投资。

序号	国民经济行业分类及代码	文化及相关产业类别名称及小类代码	文化生产活动的内容
7	企业总部管理（7211*）	文化企业总部管理（0521）	指不具体从事对外经营业务，只负责文化企业的重大决策、资产管理，协调管理下属各机构和内部日常工作的文化企业总部的活动，其对外经营业务由下属的独立核算单位或单独核算单位承担，还包括派出机构的活动（如办事处等）。
8	园区管理服务（7221*）	文化产业园区管理（0522）	仅指非政府部门的文化产业园区管理服务。
9	机制纸及纸板制造（2221*）	文化用机制纸及纸板制造（0711）	包括未涂布印刷书写用纸制造、涂布类印刷用纸制造、感应纸及纸板制造。
10	知识产权服务（7520*）	版权和文化软件服务（0730）	版权服务包括版权代理服务，版权鉴定服务，版权咨询服务，著作权登记服务，著作权使用报酬收转服务，版权交易、版权贸易服务和其他版权服务。文化软件服务指与文化有关的软件服务，包括软件代理、软件著作权登记、软件鉴定等服务。
11	婚姻服务（8070*）	婚庆典礼服务（0754）	指婚庆礼仪服务。包括婚礼策划、组织服务，婚礼租车服务，婚礼用品出租服务，婚礼摄像服务和其他婚姻服务。
12	贸易代理（5181*）	文化贸易代理服务（0755）	包括文化用品、图书、音像、文化用家用电器和广播电视器材等国际国内贸易代理服务。
13	专业性团体（9521*）	学术理论社会（文化）团体（0772）	学术理论社会团体包括党的理论研究、史学研究、思想工作研究、社会人文科学研究等团体的服务。文化团体包括新闻、图书、报刊、音像、版权、广播、电视、电影、演员、作家、文学艺术、美术家、摄影家、文物、博物馆、图书馆、文化馆、游乐园、公园、文艺理论研究、民族文化等团体的服务。

序号	国民经济行业分类及代码	文化及相关产业类别名称及小类代码	文化生产活动的内容
14	其他未列明教育（8399*）	文化艺术辅导（0774）	包括美术、舞蹈、音乐、书法和武术等辅导服务。
15	智能无人飞行器制造（3963*）	娱乐用智能无人飞行器制造（0832）	指按照国家有关安全规定标准，经允许生产并主要用于娱乐的智能无人飞行器的制造。
16	电气设备批发（5175*）	舞台照明设备批发（0842）	包括各类舞台照明设备的批发。
17	可穿戴智能设备制造（3961*）	可穿戴智能文化设备制造（0953）	指由用户穿戴和控制，并且自然、持续地运行和交互的个人移动计算文化设备产品的制造。
18	其他智能消费设备制造（3969*）	其他智能文化消费设备制造（0954）	仅指虚拟现实设备制造活动。

图书在版编目（CIP）数据

文化资源产业化研究：以河南为例／侯燕著. --

北京：社会科学文献出版社，2018.12

ISBN 978 - 7 - 5201 - 4051 - 5

Ⅰ. ①文…　Ⅱ. ①侯…　Ⅲ. ①文化产业－研究－河南

Ⅳ. ①G127.61

中国版本图书馆 CIP 数据核字（2018）第 273432 号

文化资源产业化研究
——以河南为例

著　　者／侯　燕

出 版 人／谢寿光
项目统筹／陈凤玲　田　康
责任编辑／田　康

出　　版／社会科学文献出版社·经济与管理分社（010）59367226
　　　　　　地址：北京市北三环中路甲 29 号院华龙大厦　邮编：100029
　　　　　　网址：www. ssap. com. cn
发　　行／市场营销中心（010）59367081　59367083
印　　装／三河市龙林印务有限公司

规　　格／开　本：787mm × 1092mm　1/16
　　　　　　印　张：12.25　字　数：175 千字
版　　次／2018 年 12 月第 1 版　2018 年 12 月第 1 次印刷
书　　号／ISBN 978 - 7 - 5201 - 4051 - 5
定　　价／79.00 元

本书如有印装质量问题，请与读者服务中心（010 - 59367028）联系